図解 授業・学級経営に成功する 5年生の基礎学力

無理なくできる12か月プラン

監修：学力の基礎をきたえどの子も伸ばす研究会
著 ：金井敬之

フォーラム・A

本書の構成と特長

構成◎１年間の見通しをもって

1. 子どもの発達をふまえて、１年間を月ごとに分けています。
2. 各月を読み・書き・計算（算数）・学級づくりの四つのテーマで分けています。
3. 四つのテーマに取り組む時期を月ごとに提案することで、
   - 基礎学力づくりに**１年間の見通しをもって**取り組むことができます。
   - **各月の重点課題**がわかり、**優先順位**を決めることができます。
4. 右ページでは、イラストや使用する教材・プリント・資料などで**図解**しています。
   - 実践の順番やポイントが一目でわかります。
   - 教材・教具のつくり方がわかります。
5. 四つのテーマのほかにも、執筆者の「おすすめの実践」を載せています。
6. 巻末には、コピーしてすぐ使えるプリントや読書カードなどを掲載しています。

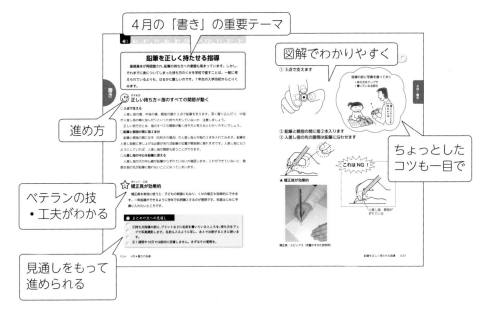

こんなときに◎ベテラン教師の技に学ぶ

1. 時間がたらない、でも読み・書き・計算の力をしっかりつけたい。
   ★毎日の授業はじめの５分や給食準備のすきま時間など、短い時間を積み重ねて基礎学力をつける効果的なやり方がわかります。
2. 重要単元・重点教材を学習するときに役立つ情報がほしい。
   ★いつどんな準備をしたらよいか、授業全体を通して留意することは何かがわかります。
3. 学力づくりを学級経営の柱にしたい。
   ★みんなで協力し合って学力をつけていくやり方がわかります。子どもたちは伸びが実感でき、温かいゆとりのある学級文化が育ちます。

巻末のプリント、テンプレートはすべてコピー・フリー

はじめに◎「学び」は子どもたち一人ひとりのものに

さまざまな教育課題にこたえる基礎学力

　ある経済誌で、小学校教師への調査で2000人のうち61％が「今の子どもたちに身につけさせたい力や育成したいもの」として「基礎的、基本的学力」と答えた、という記事を見つけました。

　学校教育の課題は多く、重点が大きく揺れることも少なくありません。「ゆとり教育」から「学力向上」に教育目標が転換されたり、「課題解決型学習」「英語教育」「道徳教育」と次々に研究テーマが提起されたりします。そうした変化や提起と、目の前の子どもたちの課題との間で教師たちが最も懸念しているのが「基礎学力」だと、この調査結果は示しています。

　私たち「学力の基礎をきたえどの子も伸ばす研究会」は、「読み書き計算」の基礎学力をテーマに研究を重ねてきました。授業づくり、学級づくりも基礎学力の定着・伸長とセットにとらえ、堅牢な基礎学力の上にこそ豊かな授業や学級の華が咲くと考えています。

　時代とともに新しい授業技術・教育技術が開発されます。それが優れたものであるかの評価は、学びの主人公である子どもたちが成長することでしかできません。「教科書が読める」「文が書ける」「計算ができる」、これら当たり前のことを一人ひとりの子どもができて「課題解決型学習」や「協働学習」も成果があがります。

子どもを育て、学級を育て、授業をつくる基礎学力

　基礎学力をつける実践は、教科内容とは一見離れているように思えるのでつい後回し、という声も聞かれます。しかし実は、教育課程にそった目標を達成させる近道でもあります。それは、

- 大がかりでなく、毎日の短時間の積み重ねでできます。
- 特別な教材教具の必要がなく、今からでもすぐに取り組めます。
- 成果が目に見えるので、子どもに自己肯定感が育ちます。
- みんなで賢くなる実践・取り組みなので、温かな学級文化が育ちます。

　読み書き計算の基礎学力づくりは、それらの力とともに、子どもに根気強く、粘り強くやり続ける心性を育て、総合的・創造的に物事を考えていける力をつけます。これらは、将来にわたって子ども一人ひとりの揺るがぬ根となり、支え続けることでしょう。

　本書をお使いいただき、ぜひ今日から基礎学力づくりに取り組んでみてください。あらたな発見がたくさんあるでしょう。

　2016年2月　著者を代表して
　　　　　　学力の基礎をきたえどの子も伸ばす研究会　常任委員長
　　　　　　　　　　　　　　　　　　　　　　　　　図書　啓展

学力・学級づくり年間計画表（例）

	4月	5月	6月	7月
重点	**1学期** 読み書き計算のさかのぼり指導に取り組み学力回復をはかります。また、学級のしくみもつくっていきます。			
読む力	音読（1年を通して指導） ・連れ読み ・めいめい読み ・ふたり読み ・交換読み 読書指導 （1年を通して指導） 名文暗唱	都道府県を唱える …………………→ ことわざカルタ ……………………→ 読書指導 ・図書室の利用 ・学級文庫の充実 ・読書の旅	辞書に親しむ （1年を通して指導） （1年を通して指導）	
書く力	新出漢字の指導 さかのぼり （1年を通して指導）	→漢字小テストをはじめる （1年を通して指導） 鉛筆の持ち方の指導 字形指導	字源の授業 漢字ゲーム 部首を知る 慣用句の指導	漢字まとめテスト 既習漢字の復習1
計算	計算力実態調査 計算さかのぼり指導1 ◎100マス計算 …………………………………→ 　かけ算→たし算→ひき算の順 ノート指導で学力を高める	小数のかけ算	計算さかのぼり指導2 ◎わり算A型B型C型 小数のわり算	体積の導入
学級づくり	新学期の3日間 子どもノートをつける 朝学習のルール 給食指導 掃除指導 ていねいな言葉で話す はじめての授業参観 家庭学習の指導	テスト採点法 都道府県なぞなぞ （1年を通して指導）	6月危機をのりこえる 授業参観 都道府県カルタ ……………………→	個人懇談会 お楽しみ会 宿泊行事の基本

9月	10月	11月	12月	1月	2月	3月
2学期 単位あたり量、異分母の計算などの重要課題に取り組みながら漢字の筆順についての授業をします。				**3学期** 5年生の計算、漢字のまとめを行い6年生につなげます。		
読書習慣を広げる ◎読み聞かせ						リズム漢字を使って6年の漢字予習
	百人一首 ··>					
	読書指導 ・読書発表会 ・みんなで読書の旅 ··>					
既習漢字の復習2	作文		筆順の授業		5年生の漢字総復習	
平均の導入 単位あたり量の導入	図形の角の導入 図形の面積の求め方 分数のかけ算 分数のわり算	約数 最小公倍数 異分母の分数のたし算 異分母の分数のひき算		割合の導入	計算のまとめ	
	長縄で学級文化をつくる	11月危機を防ぐ				

☺ もくじ

本書の構成と特長	002
はじめに	003
学力・学級づくり年間計画表（例）	004
力を発揮する5年生	009

4月

読み
音読練習1◎連れ読み	010
音読練習2◎めいめい読み	012
音読練習3◎ふたり読み	014
音読練習4◎交換読み	016
名文暗唱	018
読書の習慣	020

書き
新出漢字の指導	022
漢字小テストの仕方	024

計算
計算力実態調査	026
計算さかのぼり指導1◎100マス計算	028
ノート指導で学力を高める	030

学級づくり
新学期の3日間	032
子どもノートをつける	034
朝学習のルールの確認と指導	036
給食指導	038
ていねいな言葉で話す	040
掃除指導	042
家庭学習の指導◎宿題忘れを防ぐ	044
はじめての授業参観	046

5月

読み
都道府県名を唱える	050

		ことわざカルタ	052
		3段階の発問で読み取り授業を活性化	054
	書き	鉛筆の持ち方の指導	056
		字形の整ったひらがなを書かせる指導	058
	計算	小数のかけ算導入◎小数点はどこ？	060
		小数のかけ算の指導	062
	学級づくり	テストの効果を倍加させる採点法	064
		都道府県なぞなぞ	066
6月	読み	辞書に親しむ	068
	書き	漢字学習に新しい視点を提示する1◎字源の授業	070
		漢字ゲーム	072
	計算	計算さかのぼり指導2◎わり算A型B型C型	074
		小数のわり算◎小数点の打ち方指導	076
	学級づくり	6月危機をのりこえる	078
		6月の授業参観	080
		都道府県カルタを楽しむ	082
7月	書き	漢字まとめテスト	084
		既習漢字の復習1	086
	計算	体積の導入◎体験で深める	088
	学級づくり	保護者が安心する個人懇談会	090
		お楽しみ会	092
		宿泊行事の基本	094
9月	読み	読書習慣を広げる◎読み聞かせ	096
	書き	既習漢字の復習2	098
	計算	平均の導入	100
		単位あたり量の導入	102

	学級づくり	運動会時期の学習	104
10月	読み	百人一首	106
	書き	作文の指導	108
	計算	図形の角の導入◎三角形の内角の和	110
		図形の面積の求め方◎公式丸覚えをさける	112
		分数のかけ算・わり算	114
	学級づくり	長縄（8の字跳び）で学級文化をつくる	116
11月	計算	分数の加減の前に◎約数をもれなく見つける	118
		分数の加減の前に◎最小公倍数を求める	120
		異分母の分数のたし算・ひき算	122
	学級づくり	11月危機を防ぐ	124
12月	書き	漢字学習に新しい視点を提示する2◎筆順の授業	128
1月	計算	割合の導入	130
2月	書き	5年生の漢字総復習	132
	計算	計算のまとめ	134
3月	読み	リズム漢字を使って6年の漢字予習	136

おすすめの実践	メモからはじめる授業計画づくり	048
	数感覚を高める	126

プリント・資料 ……………… 138

力を発揮する5年生

　5年生になった子どもたちには「高学年になった」という自覚があります。
　4年生でちょっと気を抜いた子どもたちも、5年生では頑張ろうという気持ちでいます。
　そのような5年生こそ、子どもたちに学力をつけるチャンスです。

　ここ数年、自分自身の経験や全国の仲間と交流するなかで、中学年の指導が大変だという実感をもっています。
　低学年に比べて学習内容が難しくなってきていること、思春期に入り大人への批判的精神が育ち、理屈がいえるようになってきたこと、客観的に自分自身を見つめることができるようになって、自分の抱えている困難さや不満を、自分がいいやすい子にぶつけるからではないかというのが、その理由です。
　子どもたちは、今までの自分の行動を振り返り、心機一転しようと思うのが5年生です。
　高学年になり子どもたちは、中学生になることも少しずつ意識しはじめ、このままではいけない、勉強もしっかりとしなければならないと思っています。
　子どもたちのそのような思いと、教師の取り組みがかみあえば、子どもたちは大きな力を発揮します。それが5年生です。

　そんな5年生の子どもたちには、次の3つのことが必要です。

- 学力の基礎である「読み書き計算」の力をつけること
- 知的な楽しい授業をすること
- 学校や学年の行事を通じて成功体験を味わわせること

　4年生までの不十分であった読み書き計算の力を高めることによって、子どもたちにできる楽しさを感じさせ、知的な楽しい授業をすることによって、子どもたちの学ぶ喜びを喚起させます。
　そして、学校や学年行事を成功させることで、高学年の自覚を高めます。
　本書は、これらのことを意識して書きました。
　この本が読者のみなさんのお役に立つことができればうれしく思います。

音読練習1 ◎連れ読み

教師が読んだ同じ文章を、学級の子どもたちみんなで読む読み方です。教師の声が耳に残っているので、音読の苦手な子も声に出して読むことができます。音読は読み取りの基礎ですから、全員読めるようにします。

すすめ方
音読練習はまず「連れ読み」から

○**教科書をしっかり見るように指導する**

　新しい教材に入ったときは連れ読みからはじめます。国語が苦手な子どもも授業に意欲がもてます。

　教　師：先生のあとについて、みんなで読みます。
　教　師：あの遠い空にひとすじ　ハイ。
　子ども：あの遠い空にひとすじ。
　教　師：星たちが、　ハイ。
　子ども：星たちが、

　慣れてきたら、「ハイ」といわなくても連れ読みができるようになります。教科書の文字をしっかり見て、音読させます。

　子どもの声の終わりの方に少し教師の声をかぶせると、リズムが出ます。

○**音読が苦手な子どもも抵抗なく練習できる**

　連れ読みのよさは2つあります。教師の声が耳に残っていて、声に出しやすいことと、みんなが声を出しているので、音読の苦手な子も抵抗が少ないことです。

ポイント・工夫
教師と「同じ速さ」が大切

　教師と同じ速さで読ませることも大切です。途中で「隣の人の声が聞こえた人？」といって挙手をさせるとみんなの声が大きくなります。

● **まとめや次への見通し**

○はじめは、句読点で区切って連れ読みをします。慣れてくると、文章の長さに応じて、句点まで読みます。1年を通して国語授業のはじめは連れ読み→一斉読みで音読します。

教科書がスラスラ読めるが高学年でも基本

① 新しい教材に入るときは必ず連れ読みから

② 全体に元気がないと思ったら

③ 高学年でも連れ読みの基本は同じ

はじめは読点、句点で区切って読む。
慣れてくると句点まで読む。

音読練習2 ◎めいめい読み

　一人ひとりが、少し声を落として、自分のペースで読む音読練習を「めいめい読み」といいます。クラス全員が声を出しているので、苦手な子も安心です。長文の教材を読むときにも、めいめい読みで音読練習をします。

すすめ方
変化のあるくり返しを

○**教師は子ども一人ひとりの読みの力を知る**

　いつも連れ読みでは変化がありません。音読の自主練習を取り入れます。このとき教師は子どもの一人ひとりの読みを机間巡視して聞き、子どもの読みの力を把握します。

○**位置を変えて読む**

　教　師：自分に聞こえる声で、自分の速さで音読をします。それぞれの速さで読むのでめいめい読みといいます。

　教　師：全員立ちましょう。5回読みます。4回読んだらすわり、5回目を読みます。

　1回目は正面を向いて読みます。2回目は右を向いて、3回目は後ろ、4回目は左を向いて読みます。そして5回目はすわって読みます。5回目の途中でめいめい読みを終えます。

○**変化のあるくり返し**

　この方法には、子どもたちの練習に変化を与えることができることと、教師が子どもの読むスピードを把握できるというメリットがあります。3回読ませるときは、前→後→座って読む、をさせます。子どもたちは、変化を楽しんでゲーム感覚で音読練習に取り組みます。

ポイント・工夫
5回読む、実はねらいは4回

　5回目をすわって読むというのがポイントです。全員がすわったら、5回目の途中で「やめましょう」と終了の指示を出します。これは音読の苦手な子が、読み終わった子が増えて静かになっていくなかで、音読を続けなくてもいいという配慮です。高学年にはこうした配慮が大切です。

● まとめや次への見通し

○一番早く読み終わったAくん、「読んでみて。きっと上手だと思いますから」と指名します。こうするといい加減な読みをする子が減ります。

長い教材文はこの方法で個人練習を

全員立ちましょう。
自分に聞こえる声で、自分の速さで
5回読みます。4回目ですわります。

← 1回目は正面を向いて

← 2回目は右を向いて

← 3回目は後ろを向いて

← 4回目は左を向いて
　5回目はすわって読みます

　全員が読み終わってなくても終了

やめましょう

全員がすわって読んでいる

音読練習３ ◎ふたり読み

隣の席の子どもどうしで、一文ずつ交代して読んでいく方法です。一度読み終わったら、順番を替えれば、全文を読んだことになります。連れ読みのバリエーションです。交代読みともいいます。

すすめ方
バリエーション豊かな練習法

連れ読み、めいめい読みの後は隣の席の子どもどうしでペアになって練習します。

○ふたりで交互に読む

「隣の人と、一文ずつ交代で読んでいきます。最後まで読めたら、順番を替えてもう一度読みます。ジャンケンをして、勝った人から読みます」と指示をして練習をさせます。

交代して読むので、隣の子の読んだところを集中して目で追うようになります。

○他のバリエーションもできる

この方法は、教師と子どもたち、男の子と女の子、教室の窓側と廊下側など、さまざまな応用ができます。「廊下側は声が大きかったです。窓側は声がそろっていました」など評価すると、声の大きさと声のそろいの両方を意識させることができます。

ポイント・工夫
やめどきに気をつける

学級の半分くらいのグループが２回目を読み終わったところで一斉にやめます。音読の苦手なグループが、静かになっていく教室で、読み続けている状態を避けることで、音読の苦手な子どもも安心して読むことができます。

● まとめや次への見通し

○連れ読み、めいめい読み（前項）、交換読み（次項）などいろいろな方法で音読練習をさせると、変化のあるくり返し練習ができます。

バリエーション豊かに音読練習を

① 友だちの音読を集中して聞く

隣の人と交代で
順番はじゃんけんで
2回で全文読んだことになる

読みはじめている

② 評価することでより高い音読を

音読練習4 ◎交換読み

隣の子と教科書を交換し、自分の読みまちがった箇所を、隣の子に自分の教科書にチェックしてもらい、まちがった箇所を重点的に練習します。子どもどうしで高め合っていく取り組みです。

すすめ方
読み手も聞き手も集中する

○教科書を交換する
　教科書を交換して、読みまちがったり、つまったりしたところをチェックしてもらい、返却された教科書を見て、その箇所を練習します。

○そばに聞いてくれる人がいるよさ
　隣に自分の音読を聞いてくれる人がいることは、読む人の意欲を高めます。

○聞き手も集中する
　まちがいをチェックするために、聞き手は集中して隣の子の音読を聞きます。

○効率のよさとコミュニケーション
　一人が音読をし、隣の子が聞くという形態により、クラスの半分の子が同時に音読ができ、さらに聞き手が集中して聞くことができるので、交換読みは効率がよく、お互いの交流も深まります。

ポイント・工夫
隣の人の教科書を大事に扱う

　はじめる前に子どもたちには「隣の人の教科書ですから、うすくきれいな字でチェックをしてあげましょう。隣の子の本読みがうまくなるようにしっかり聞いてあげましょう」と伝えます。

● まとめや次への見通し

○まずは、1ページ程度の分量からはじめます。「、」と「。」で止まる、それ以外は区切らずに読むなどのクラスのルールを決めておきます。

集中力アップと効率のよさがおすすめ

教科書を隣の人と交換します。

　隣の人の教科書です。ていねいに扱いましょう。
　隣の人の音読が上手になるようにしっかり聞きます。

じゃんけんで順番を決め、教科書を交換する

チェックのしかた

読みまちがい「—」
句読点以外止まる「✓」

あめ玉　新美南吉

　春のあたたかい日のこと、わたし船（ぶね）に二人の小さな子どもを連れた女の旅人が乗りました。舟が出ようとすると、
「おうい、ちょっと待ってくれ。」
と、土手の向こうから手をふりながら、さむらいが一人走ってきて、舟に飛びこみました。

どれだけまちがったではなく
聞く相手がいることに大きな
意味があります
苦手が発見できれば、そこを
練習すればよいのです

| 4月 | 5月 | 6月 | 7月 | 8月 | 9月 | 10月 | 11月 | 12月 | 1月 | 2月 | 3月 |

読み

名文暗唱

暗唱のねらいは3つあります。文化の継承と暗記力、そしてリズムの獲得です。暗唱の仕方を体得するという経験は、他の教科の学習にも力になります。知性と品位が身につきます。

☺ すすめ方 毎月1つ暗唱する

○ねらいは3つある

朝の会や帰りの会、国語の授業など5分ほどの取り組みです。

1か月に1つずつ、「今月の暗唱」と称して名文を暗唱させます。教師は高学年が納得するように、暗唱の効果を子どもたちに説明します。

「毎月1つずつ、昔の有名な詩や物語の文章を覚えます。これを"名文暗唱"といいます。名文を覚えるとよいことが3つあります。

1つ目は、記憶力がよくなり他の勉強もできるようになります。2つ目は、中学の勉強や大人になったときに役立ちます。3つ目は、名文を暗唱するとかしこそうに見えます（笑）」

○1行ずつ無理なく覚える

名文を拡大したものを教室に貼って、朝の会や1時間目の授業はじめというように決めて、1日に新しく1行ずつ程度覚えていきます。たとえば1日目1行目、2日目1行目を唱えて2行目を覚える、3日目1、2行目を唱えて3行目を覚えるというように進めます。

1行ならすぐに覚えることができます。行数の多いものは途中でも、少ないものは最後まで進んだら、覚えたかどうかのチェックは、隣どうしや班でします。

☆ ポイント・工夫 漢詩からはじめる

長く続けるコツは、子どもたちに「自分がかしこくなったな」と思わせることです。漢詩からはじめると知的な雰囲気が増し、達成感がもてます。教材によっては2～3日で覚えてしまう子もいます。

● まとめや次への見通し

○秋の学習発表会や参観のときに、いくつかまとめて暗唱を披露させます。参観では保護者が驚かれ、そして喜んでくださいます。

授業参観や学習発表会を目標に

5分ほどの取り組みです。
名文暗唱を継続させるコツは、子どもたち自身がかしこくなったと思うこと。

名文暗唱で
○記憶力がよくなります
○中学の勉強で役立ちます
○かしこく見えます（笑）

① 暗唱名文例と進め方

春暁　孟浩然

春眠 暁を覚えず
処処 啼鳥を聞く
夜来 風雨の声
花落つること 知る多少

← 1日目 1行目を覚える

← 2日目、1行目を唱えて2行目を覚える

毎回、友だちどうしで確認を

② おすすめ暗唱文

おすすめ暗唱文

平家物語（祇園精舎の鐘の声…）
春暁（春眠暁を覚えず…）
偶成（少年老いやすく学成り難し…）
枕草子（春はあけぼの…）
徒然草（つれづれなるままに、ひぐらし…）
月の異名（睦月、如月…）
いろは歌（いろはにほへと…）

名文暗唱

読書の習慣

読書の効用は教師ならよく知っていることですが、「さし当たってすることがないすきまの時間には読書をする」という習慣が子どもたちの身につけば、学級づくりにも威力を発揮します。

すすめ方　いつも読みかけの本を

○真っ先につけたい習慣

新学期になって、真っ先に子どもたちにつけたい習慣は「読書の習慣」です。

子どもたちが朝の自習の時間に席を離れていたり、騒がしかったりすると、担任は精神的なストレスを感じます。これは子どもが悪いというのではなく、子どもたちはとくにすることがないので騒いでしまうのです。

○少しの時間でも読書タイムにして

学習課題を用意しても仕上げる速さがちがうので、それぞれ課題が終わった後に時間ができます。ここで読書をする習慣があると静かな教室に担任が入ることができます。「静かに読書してくれてありがとう」という言葉から、授業をはじめることができます。

「家から読みたい本をもってきましょう。学校の図書室や地域の図書館で借りた本もいいですよ」といいます。用意した本は机の中に入れておくようにします。

授業中に、少しの時間でも「読書タイム」をとるように教師が意識すると、教師がいないときは静かに読書をするという習慣が育っていきます。

ポイント・工夫　読書記録で意欲づけを

読書記録をつけると意欲が高まります。読んだ本のページ数を積み上げていく「読書3000ページへの旅」がおすすめです。読書カードは自分の読書歴のふり返りもでき、さらに読書の意欲が向上します。

● まとめや次への見通し

○朝の読書では学習漫画以外のお話の本を読むことにしています。読書の苦手な子が、漫画しか読まないということを避けるためです。

新しい学級を担任したら真っ先に読書の習慣を

① 読書環境を充実させる

- 学級文庫を充実させる
- 学校図書室を利用する
- 地域図書館の団体貸し出しを利用する

図書係、学級文庫係など係活動と連動させるとよいですね

はじめは教師が意識して

少し早く終りました。チャイムが鳴るまで本を読んで待ちましょう

② いつも読みかけの本を手もとに

机の中か横のカバンに本を入れておく

③ 記録をつける

新出漢字の指導

新出漢字の指導は、①指書き　②なぞり書き　③写し書きと順を追って教えます。そのなかでも、指書きが最も重要です。鉛筆をもって漢字を書く前に、人さし指で机の上に漢字を書く練習が指書きです。手本の字をはみ出さずに鉛筆でなぞるのがなぞり書きです。

☺ すすめ方　指書きは3段階で指導する

○指書きには3段階ある

まず、漢字ドリルの手本を見て、筆順に気をつけながら机の上に指で練習をします。これが第1段階です。

次に、手本を見ないで、机の上に指で練習をします。そのとき、自分の人さし指を見ながら練習をします。字形や筆順があやふやなときは、手本の漢字を見直して練習をします。これが第2段階です。

最後は、目を閉じて漢字を書く練習をします。これが第3段階です。

○なぞり書きで筆順チェック

その後、漢字ドリルの手本の薄い字を鉛筆でなぞります。そのとき、教師のイチ、ニーイ…の声に合わせて、みんないっしょに書いていきます。これは筆順チェックになるからです。

☆ ポイント・工夫　指書きがポイント

指書きでは「机の上に漢字が浮かび上がるくらいしっかり書きなさい」と指示をします。なぞり書きでは「1ミリもはみ出ないように書きなさい」といいます。指書きを何度もさせてから、鉛筆をもたせます。

● まとめや次への見通し

○漢字小テストの前に、指書きで最後の練習をさせます。短時間で練習ができます。

漢字書き取りのイメージトレーニング＝指書き

新出漢字の練習は鉛筆をもたない時点が重要です。指書きでは、机の上に文字が浮き上がってくるくらい集中して書かせます。

テスト前に効果的

子どもの作文より（なぞり書きの効果）

○4／21今日、○△ゼミナールというじゅくに行きました。
　今日は、国語で漢字テストがあります。そのはんいを少ししか勉強していませんので「やばい…」と思ったら、先生の指書きを思い出したので、それをやって100点を取りました。
(Mくん)

○きょうじゅくに行きました。国語のテストは65点でしたが、同じ学校の5人の中では最高でした。先生に教えてもらった指書きをして勉強しました。お母さんにほめられました。
(Sさん)

4月 5月 6月 7月 8月 9月 10月 11月 12月 1月 2月 3月

書き

漢字小テストの仕方

新出漢字を覚えていることを確かめるために、漢字の小テストをします。本番のテストの前に「うそテスト」をすると、子どもはいい点数が取れて漢字に自信をもてるようになり、漢字学習を意欲的に取り組みます。

 すすめ方
家庭学習3日間を1サイクルにして

○**2日間の家庭学習で漢字の自主練習**

　3日間の家庭学習を1つのサイクルにして、4日目に漢字小テストをします（右ページのサイクル表を参照）。漢字ドリルとノートを用意します。

　1日目の宿題は、ドリルの読み（漢字と読みが書いてあるページ）を見て、写し書きをします。

　2日目の宿題は、ドリルの書き（読みのみが書いてあるページ）を見て漢字を書きます。そのとき、わからない漢字や書きまちがった漢字を、ノートの下の余白に練習をします。

○**うそテストでまちがった問題を重点的にする**

　3日目の授業中に、うそテストをします。教師が採点をして返却し、自分のまちがった漢字をドリルにチェックします。その日の家庭学習は、まちがった漢字の練習です。満点をとった子は、2日目と同じ課題をします。

　4日目に、本番テストをします。

 ポイント・工夫
苦手な漢字の重点学習は効果的

　子ども一人ひとりまちがう漢字がちがいます。苦手を知って、その漢字を重点的に練習させることで効果が上がります。

● まとめや次への見通し

○自分の苦手を知り、そこを練習して克服するやり方は、この先自主学習に取り組むときのベースになります。少しずつ自分で課題を見つけて修正する学習のやり方を身につけさせていきましょう。

うそテストで子どもが自分の苦手を知る

① 漢字小テストのサイクル

	月	火	水	木	金	月	火
学校			うそテスト	本テスト		うそテスト	本テスト
家庭	Ⓐ漢字かな混じり文を視写	Ⓑ読みページを見て漢字を書く	しまちがい直	漢字かな混じり文を視写	読みページを見て漢字を書く	しまちがい直	漢字かな混じり文を視写

家庭学習3日目サイクル

―― 子どもノートⒷ ――

⑩ 手を差し出す。差し出す
⑨ 子どもが笑う。笑う笑う
⑧ 空を飛ぶ。飛ぶ飛ぶ
⑦ さくらの季節。季節季節
⑥ 学校に続く道。続く続く
⑤ 落ち葉を燃やす。燃やす
④ 車の燃料。燃料燃料
③ 紙が燃える。燃える燃

―― 子どもノートⒶ ――

⑩ 手を差し出す。
⑨ 子どもが笑う。
⑧ 空を飛ぶ。
⑦ さくらの季節。
⑥ 学校に続く道。
⑤ 落ち葉を燃やす。
④ 車の燃料。
③ 紙が燃える。
② 木の芽がふくらむ。芽芽
① 山が連なる。連なる連

ドリル⑧

テストにはこんなフォーマットをつくっておくと便利

漢字小テストの仕方

| 4月 | 5月 | 6月 | 7月 | 8月 | 9月 | 10月 | 11月 | 12月 | 1月 | 2月 | 3月 |

計算力実態調査

孫子の兵法に「彼を知り己を知れば百戦してあやうからず」という言葉があります。計算力実態調査は「彼を知る」手立てです。4年生までの計算でどこが苦手で、どこにつまずいているのかを知ることで、これからの指導の方針を立てます。

すすめ方
まず、彼（＝子ども）を知る

○遠回りのようで、実は近道

　算数は系統的な教科です。前学年までの学習内容の習得が不十分だと、5年生の学習も不十分になります。計算に時間がかかったり、算数に対する意欲が低下したりします。実態を把握して、前学年までのおさらいをしながら、算数を教えることは、一見遠回りのようでも、実は近道なのです。まずは「実態調査」です。

○問題数は厳選、記録をとる

　右ページは『奇跡の学級づくり3つのポイント』（フォーラム・A）掲載の調査問題例です。また『計算つまずき克服プリント』（フォーラム・A）なら診断プリントとおさらいプリントがついています。全学年1年間使えます。つまずき診断＆集計ソフトもついています。

○指導の方針を立てる

　学級全体にどういう傾向があるか把握することと、子ども一人ひとりのつまずきを具体的に知ります。

ポイント・工夫
1学年ずつ時間をとって4回に分けて

　実態調査は「学力の健康診断」です。一度に何学年分のテストをさせたり、急がせてケアレス・ミスをしないように、1学年ずつ時間をゆったりとって実施します。

● まとめや次への見通し

○つまずきを学級全体と個人別に把握します。秋にもう一度同じ問題で調査をすると伸びがよくわかります。

○この調査では計算の速さは重視しません。計算さかのぼり指導のなかで速さを追求します。

計算力実態調査問題『奇跡の学級づくり3つのポイント』(フォーラム・A)

1 月 日 なまえ(   )

★次の計算をしましょう。(1つ10点)

① $3+5=$

② $8+6=$

③ $7+7=$

④ $9+0=$

⑤ $6-2=$

⑥ $10-8=$

⑦ $15-7=$

⑧ $6+1+3=$

⑨ $9-2-5=$

⑩ $10-3+2=$

2 月 日 名前(   )

★次の計算をしましょう。(1つ10点・計70点)

① $57+9=$

② $76+7=$

③ $240+50=$

④ $\begin{array}{r} 18 \\ +76 \\ \hline \end{array}$

⑤ $\begin{array}{r} 72 \\ -54 \\ \hline \end{array}$

⑥ $6\times8=$

⑦ $9\times7=$

★次の計算を筆算でしましょう。(1つ10点・計30点)

⑧ $96+27$

⑨ $135-78$

⑩ $105-67$

3 月 日 名前(   )

★次の計算をしましょう。(1つ10点)

① $\begin{array}{r} 3229 \\ +1279 \\ \hline \end{array}$

② $\begin{array}{r} 1000 \\ -247 \\ \hline \end{array}$

③ $16\times5=$

④ $40\times8=$

⑤ $28\div7=$

⑥ $41\div6=$ … (商を整数で求め、あまりを出しましょう。)

⑦ $\begin{array}{r} 274 \\ \times7 \\ \hline \end{array}$

⑧ $\begin{array}{r} 463 \\ \times75 \\ \hline \end{array}$

⑨ $\begin{array}{r} 4.9 \\ +5.6 \\ \hline \end{array}$

⑩ $1-\dfrac{2}{3}=$

4 月 日 名前(   )

★筆算に直して計算しましょう。(1つ10点・計20点)

① $4.56+6$

② $4-2.14$

★次の計算をしましょう。(1つ10点・計80点)

③ $4+3\times2=$

④ $\dfrac{3}{7}+4\dfrac{2}{7}=$

⑤ $1\dfrac{6}{7}-\dfrac{2}{7}=$

⑥ $4\overline{)823}$ (あまりももとめましょう)

⑦ $42\overline{)252}$

⑧ $18\overline{)428}$ (あまりももとめましょう)

⑨ $\begin{array}{r} 3.4 \\ \times29 \\ \hline \end{array}$

⑧ $18\overline{)10.8}$ わりきれるまで計算しましょう。

4月・計算

計算力実態調査 027

| 4月 | 5月 | 6月 | 7月 | 8月 | 9月 | 10月 | 11月 | 12月 | 1月 | 2月 | 3月 |

計算さかのぼり指導1 ◎100マス計算

基礎計算の習熟は5年生であっても重要です。かけ算九九、くり上がり、くり下がりの計算が遅かったり、まちがいが多かったりすると、算数そのものも嫌いになってしまいます。しかし、高学年なら、回復は早いです。

すすめ方 かけ算、たし算、ひき算の順に

○100マス計算の練習にも順序がある

100マス計算には、たし算、ひき算、かけ算の3種類がありますが、練習する順序があります。かけ算→たし算→ひき算の順がいいと思います。それは、易から難の順序だからです。

○100マス計算でも「実態調査」を

まず、かけ算の100マスを実施します。極端に遅い子は、苦手な段があるのです。その段を重点的に練習します。6、7、8の段を苦手とする子が多い傾向にあります。

6、7、8の段が苦手だとわかったら、6、7、8段の30マスプリントをさせます。

○ひき算の苦手な子には「減加法」のおさらいを

かつて、くり下がりのあるひき算で5年生に「12－9は、10－9は1、1と2で答えは3だから、ひく9は、ひかれる数の一の位に1をたすことですね」と話すと、「なるほど」という顔をしていました。考え方を伝えると、高学年では理解が早いのです。

☆ ポイント・工夫 時間がないときは各10回ずつする

忙しい高学年ですから、各100マス計算を10回ずつ行うだけで、かなり習熟します。10回はちょうど2週間です。この練習は、5年の算数のどこにつながるのかという「趣旨説明」も子どもたちに必要です。

● まとめや次への見通し

○たし算よりひき算のタイムが速くなると習熟した証です。それは、答えを書く数字がひき算の方が少ないからなのと、くり下がりのひき算は、10の補数とひかれる数の一の位とのたし算だからです。2学期にも、2週間の期間限定で100マス計算を行うといいでしょう。

計算力の回復は高学年なら早い

できれば40回くらい続けることが望ましいです。それぞれ10回（2週間）ずつでも効果は大きい。

5月中にマス計算は終わらせるのが目標です。

資料：100マス計算のタイムの伸び

100マス計算（たし算）の結果です。
「何分台が何人いるか」の推移です。第1回は4月15日、49回目が7月9日に実施。

	1回目	10回目	20回目	30回目	40回目	49回目
1分台	2	7	11	16	15	17
2分台	6	20	17	18	21	19
3分台	14	8	8	3	1	2
4分台	13	0	0	2	1	0
5分以上	5	2	2	0	0	0

100マス計算（ひき算）の結果

	1回目	10回目	20回目	30回目	40回目	49回目
1分台	1	5	8	16	19	22
2分台	3	15	17	12	15	14
3分台	3	7	6	5	1	1
4分台	9	6	3	1	3	1
5分以上	20	5	4	2	0	0

4月 5月 6月 7月 8月 9月 10月 11月 12月 1月 2月 3月

ノート指導で学力を高める

ノート指導をする理由は、乱雑で詰め詰めのノートでは、計算まちがいが多くなるからです。後で自分でふり返ったときにまちがいの箇所を発見しやすいノートづくりを指導します。学年や学校で取り組むと一層効果があります。

😊 すすめ方 ゆったりとしたノートが合言葉

○**ノート指導の5つのポイント**

私の学校では以下の5つのポイントをノート指導の基本とし、さらに学年の特徴を加味して指導しています。

- マスの大きさの設定
- 1マスに1字が基本
- 日付とページ数を書く
- 定規を使う

○**ゆったりとしたノートを**

5年生ではマスの大きさは10mmにしています。計算だけでなく図形の単元でも使いやすいからです。また、筆算の場合、問題と問題の間隔を広くとります。また、分数や文字式の「＝」を縦にそろえると、中学に進学しても役立ちます。

○**授業で一斉に指導する**

4月のなるべく早い時期に授業時間を使って一斉に指導します。見本を配り、その通りにノートに書かせます。隣の子と交換して、正しく書けているか、確認しあいます。

⭐ ポイント・工夫 見本をノートに貼る

書き方の見本は子どもたちのノートに貼らせると定着しやすいです。

● まとめや次への見通し

○ときどき、クラスの子のノートを交流させます。こうすると、ノートの書き方がよくわかります。上手にかけている子どものノートを紹介したり、ノート評価会をしたりします。教師はノートの書き方指導をいつも念頭において、機会あるごとに評価したり指導したりするとよいでしょう。

算数ノートの基本はゆったりとした空間使いで

◎ノート指導
- 3年生以上は10mmマスが使いやすい。
  図形単元を見こして、補助数字が書きやすい。
- ノートは、たくさん使うもの、ゆったり間をあける。
  計算は、上下左右2マスずつくらいあける。
- 日付・ページ数・ドリル⑮を記入して、わかりやすく。
- 1マスに1字ずつ。

- 記号の書き方
  小数点．　わり算÷…OK
  　　、　　　　÷…ダメ
- 消し方は左から
  右へ斜めに消す。
- 筆算や、分数の
  横線は、定規を使用する。
  ×・÷＋－＝は
  フリーハンドでよい。
- ＝をそろえる。

ノート指導で学力を高める

新学期の３日間

新学期は教師も子どもも１年間で一番やる気のある時期です。子どもたちは、教師の指導をもっとも受け入れる時期です。この３日間で、１年間の見通しをもった学力づくり、学級づくりの基礎をつくりましょう。

すすめ方
【３日間＋前日】の重点項目—ほめながらルールを確認

○前日までに

　子どもの名前の確認、靴箱、机、ロッカーへの記名など、子ども一人ひとりの心理的・物理的居場所をつくります。

○１日目＝始業式は明るく

　出会いを印象的にします。１年間大事にしたいことを伝えます。教科書と配布物をきちんと配ります。連絡帳を最高の字で書かせます。

○２日目は学習ルールの再確認

　当番を決めます（係を決めることより優先する）。授業をはじめます。姿勢や、声の大きさ、教科書の持ち方、ノートの字などをほめながら確認していきます。

○３日目は計算と漢字の実態調査

　計算と漢字の実態調査をします（27ページ、巻末ページ参照）。授業をしながら、発言の仕方やノートの書き方、漢字学習の仕方を教えていきます。うまくできたらほめます。

ポイント・工夫
教師は自分の動きをシミュレーションする

　新学期の３日間にするべきことを、あらかじめ１日ごとにノートに詳しく書いてみます。自分の動きをシミュレーションします。

まとめや次への見通し

○３週間、30日たったら、新学期の３日間のルールを再確認します。ルールが甘くなっていたり、実態にあわないところが出てきたら修正します。新学年の３日間については『学年はじめの学力づくり　奇跡をおこす３日間』（フォーラム・Ａ）を参照。

明るくスタートさせたい新学期

新学期シミュレーション

	4.8 水 始業式　10：20下校		
8：30 9：15	大体でいいから背の順で並ぶ 体育館で始業式 子どもたちといっしょに教室に入る 名前カードが貼ってある席にすわる（しばらくは名前順） あいさつをする ・元気なあいさつのとき「大きな声ですね。もう一度聞かせてください」 ・元気でないときも「大きな声の人が多くいますね。もう一度聞かせてください」 「あいさつの上手なクラスだね」 いろいろな場面でほめる→ほめながら望ましい 　　　　　　　　　　　価値を伝えていく ・姿勢のいい子 ・目が合う子 自己紹介　名前　好きな食べ物 ㋕しこく　「きみたちを一人残らずかしこくする」だれよりも強く思っている ㋩かよく　「どの子も居心地のいいクラスにする」 ㋑じめない　「いじめは絶対に許さない」 そんなクラスにしよう。そんなクラスに入るんじゃなくてきみたち一人ひとりが創っていくんだよ	9：25 9：40 9：45 9：55 10：10	けん玉を披露する 　拍手をしてくれたらうれしいなコツコツ努力することにつなげる 出席をとる　・呼びまちがいをしない 　　　　　　・声の大きさ目が合うかなど子ども理解の1つにする 教科書を配る　・できれば前日までに教室に運ぶ（時間短縮になる） 「きみたちがかしこくなるための本です。国の人たちの願いが込められています」配られたら名前を書く 「どうぞ」「ありがとう」といって後ろにまわす 5分休憩 プリントを配る　きれいに2つに折る （手紙）　　　　記入して学校にもってくる書類が何枚あるか確認する 連絡帳を書く　「新学期です今までで一番ていねいな字を書きましょう」 4.8　水　持　国、算 　　　　　　　エプロンセット　プリント9枚 班ごとに点検する　ていねいな連絡帳をほめる さよならのあいさつ 　ジャンケンをして勝った人から握手をして帰る 　手の握りの強さなど子ども理解の1つにする 　遅くならないように10：20までに全員帰す

子どもノートをつける

1冊のノートに、その日の子どもたちのようすを書いていきます。ノートに記入することで日々の忘れがちな子どものようすを記録することができます。子ども理解につながります。また、学期末の通知表の所見の材料や懇談会の資料になります。

😊 すすめ方 今日のスターを決め行動を観察する

○1冊のノートを用意する

1ページ目には、クラスの全員の氏名のゴム印を縦に押します。

2ページ目から、1ページごとに一人ずつゴム印を押します。その日に、気づいたことをメモします。たとえば、Mさんのページには1行ずつ次のことが書かれています。

4／12　床にこぼれた牛乳をふいてくれた
4／16　漢字ノートをていねいに書いていた
4／25　……

○重点的に見る子を決める

当然のことですが、毎日全員の動きを書くことはできません。たくさん書ける子どもとそうでない子どもが出てきます。時間があるときは、ノートの1ページ目を見て、学級の子どもを出席順にその日の行動を思い出してみましょう。よく思い出せない子がいたら、次の日に、その子を重点的に観察するようにします。「今日のスター」を決めるのです。

☆ ポイント・工夫 すきま時間に付箋でもOK

放課後に書こうと思っていると忙しさに紛れ、忘れてしまいます。会議などのちょっとした待ち時間などに記入します。付箋にメモをしてノートに貼るだけでも十分です。個人情報ですので、取り扱いには十分注意します。また、子どもの前で広げたりしないようにします。

● まとめや次への見通し

○家庭訪問や個人懇談会で、具体的な話が保護者にできます。
○通知表の所見を書くときには威力を発揮します。

子どもノートを活用して子ども理解を深める

① ノートは市販のもので十分（B5判）　学期ごとに更新する

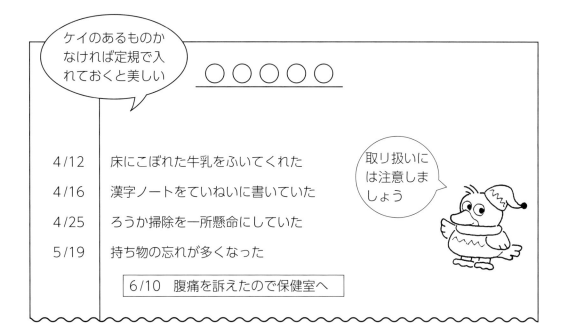

② その日の「スター」を決めて重点的に観察する

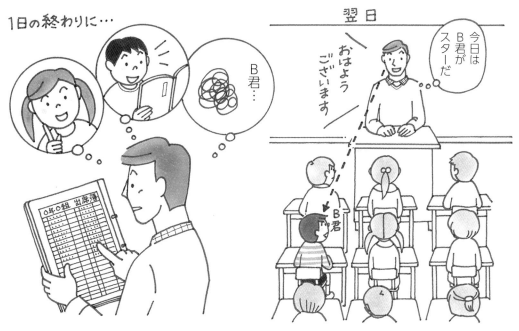

朝学習のルールの確認と指導

朝、教師が職員室で打ち合わせをしているときに、子どもたちは教室で朝学習をしています。朝学習は、どんな内容をさせるか、静かに学習できるかの2つがポイントです。

すすめ方
「すわって・ひとりで・だまって」する

○**一番大切なことは**

静かに学習しているかが、まず大事です。騒がしい、立ち歩いている、けんかになる、こんな状態では、朝からしかることになります。子どもも教師も気分がよいものではありません。

子どもたちには「すわって、ひとりで、だまって」学習をするように指導します。朝、この3つが守れていたら大いにほめます。できていない子がいれば、「できなかった人は立ちなさい。明日は守れますか。守れるならすわりなさい」といいます。

○**課題は一人でできることを**

学習内容はクラスの実態によりますが、基本は全員が、自分の力でできる課題を与えます。そうしないと課題が難しくて、隣の人とおしゃべりをして騒がしくなってしまいます。

○**課題が終わったら読書**

課題が終わった人は読書をして待つことを、朝学習をはじめるときに確認しましょう。教師は打ち合わせが終わったら、できるだけ早く教室に向かいます。

ポイント・工夫
騒がしいときは教室にいる

朝学習がはじまる前に子どもたちを席に着かせてから、職員室にもどるようにします。どうしても、上の3つのルールが守れないときは、学年の先生に朝の打ち合わせをお願いし、教室に残ります。

● まとめや次への見通し

○1年を通してこのやり方で進めます。

○前学年か2年前の学年の内容をします。読み書き計算が1枚になっているプリントなどがいいでしょう。『読み書き計算プリント』(清風堂書店)がおすすめです。

朝学習の3ルール「すわって・ひとりで・だまって」

① 教材は全員が自分の力でできるもの

「読み書き計算プリント　小学4年生」(清風堂書店)

② 3つのルールを指導する

給食指導

給食のシステムがきちんとしている学級は、いいクラスだといわれます。クラスが荒れだすと、給食指導が困難になります。弱肉強食の世界が現れるからです。

すすめ方
システムをつくる

○**どの子もにも快適な時間に**

　給食時間はどの子にも快適で楽しい時間であるべきです。学級という集団でそうするには、ルールを決めてきちんと提示する必要があります。

○**学級の給食ルール**

　①２分以内にエプロンをつけ、手を洗って廊下に並ぶ
　②消毒は先生にしてもらう
　③マスクやエプロンを忘れたら先生に借りる
　④給食室では一番奥の調理員さんに聞こえるようにあいさつをする
　⑤階段や廊下は走らない

……など、１つ１つのルールを決めておきます。

　好きな食事、きらいな食事、量の多少についても、子どもの勝手なやりとりに任せず、教師のところで決めるように指導します。

ポイント・工夫
残食を減らす

　最初は全員均等に盛り、多い人は減らし、欲しい人は後で増やします。全員で協力して残食がでないようにします。もちろんむりやり食べさせることはしません。アレルギーなどにも十分気をつけます。

まとめや次への見通し

○完食だけを目的にせず、栄養教諭の先生と食育の授業や箸の持ち方の授業（56ページ参照）などをして、食事に興味・関心をもたせます。

給食指導は学級づくりのバロメーター

① 給食のルール（金井学級の場合）

①2分以内にエプロンをつけ、手を洗って廊下に並ぶ
②消毒は先生にしてもらう
③マスクやエプロンを忘れたら先生に借りる
④給食室では一番奥の調理員さんに聞こえるようにあいさつをする
⑤階段や廊下は走らない
⑥教室にいる人は席ですわって待つ（自由帳はいい）
⑦めん類は先生が盛りつける
⑧減らしたものは残さず食べる
⑨苦手なものも少しは食べる
⑩食べる量はパンやごはんで調節する
⑪大きな声でしゃべらない
⑫箸の持ち方にも気をつけて食べる
⑬午後1時になったら「モグモグタイム」になる

② これはNGです

ていねいな言葉で話す

高学年の学級づくりの1つのポイントは、子どもとの距離の取り方です。子どもが教師に敬語やていねい語で話すことは、子どもとの距離を適切に保つことにつながり、学級が落ち着いた雰囲気になります。

😊 すすめ方 敬語カードで子どもとの距離を適切に

○お互いにていねい語で話す

子どもとの接し方で大切なことは「公と私の区別」です。授業中は、教える教師と教わる子どもとの関係を明確にするために、私は子どもたちに、教師に敬語やていねい語を使うことを浸透させています。そして教師もていねい語を使います。また、ノートや連絡帳を教師に見せるときには、「お願いします」といわせています。

○黙ってカードを見せる

子どもが、授業中教師にタメ口（友だち言葉）を使ったときには、その言葉には答えないで、サッカーのイエローカードのように、黄色の色画用紙に「敬語」と書いたカードを出します。そして、その場でていねいな言葉づかいを促します。このように遊び心も取り入れながら、子どもとの距離を保ちます。

☆ ポイント・工夫 学級の荒れを防ぐ

敬語（ていねい語）が使われるか否かは、教師と子どもの距離や関係性（力関係）を明確にしてくれます。授業と休み時間での言葉づかいの区別は必要です。授業はあくまで「公」です。

● まとめや次への見通し

○授業中教師にていねい語で接することに心地よさを感じられたら、子どもたちは、普段の会話でも教師にていねい語で接するようになります。すると、教室が落ち着いた雰囲気になり、さらに心地よさを感じられるようになります。

教師と子どもの関係性をオフィシャルに

① 敬語イエローカード

- 遊び心も取り入れててていねいな言葉づかいを促します。
- ていねいな言葉が浸透するにつれて学級が落ち着きます。

| 4月 | 5月 | 6月 | 7月 | 8月 | 9月 | 10月 | 11月 | 12月 | 1月 | 2月 | 3月 |

掃除指導

掃除はきれいにすることが目的ですが、教育という意味では、きれいにするという意識、きれいになったことが心地よいという意識を育てることが大事です。それに加えて5年生では手際よく協力して作業するように指導します。きれいに整った教室が、子どもたちを落ち着かせます。

すすめ方 子どもたちが気持ちよくスムーズに取り組めるように

学級が荒れてくると、教室もそれに比例するように汚くなってきます。

○用具と手順と時間

掃除がスムーズにいくには、①各自の担当箇所がはっきりしていること、②掃除用具がそろっていることです。そのうえで③掃除の手順をはっきりさせます。掃除場所に手順を掲示しておくと、どの子も取り組みやすくなります。

○所要時間を示す

子どもたちに何分でできますか？ とたずねて掃除時間を決めましょう。たとえば「5分以内で終わりましょう」といえば、子どもたちのやる気が高まります。「みんなで協力して掃除を早く終わらせ、早く遊びましょう」といいます。

○教師もいっしょにする

がんばって掃除をしている子がよくわかります。また、右ページのように、教師だけで放課後にも簡単に掃除をすることをおすすめします。次の日、きれいな教室で子どもたちが勉強できます。

ポイント・工夫 きれいになれば、さらにきれいに

床にごみがないというだけでなく、教室のまわりの棚、机のなか、ロッカー、教師の机のまわりもきれいになっていなければ、子どもの掃除意識は育ちません。きれいになれば、さらにきれいにしようとするのが、人間の心理です。

● まとめや次への見通し

○掃除がうまくできるようになると、しゃべらずにさせる、「自問清掃」に移行するという実践もあります。

明朝、きれいな教室で1日をはじめたい

放課後、教師が5分間清掃をする意味を考える

下校の前に、まず子どもたちに

給食後に掃除をしても、6時間の授業が終わったら、ごみが落ちていたり、机が乱れていたり、持ち物が乱雑になっていたりします。下校のあいさつの前に「ごみを○個拾いましょう」といった指示を出しましょう。

子ども理解が深まる

子どもたちが帰った後、教師が教室を簡単に掃除をします。

子どもが出したごみは、子どもが片づけるのは当たり前のことですが、教室環境という観点で考えると、翌日、整理整頓された教室に子どもが登校してくるのと、雑然とした教室に入ってくるのとでは、学習の構えがちがってきます。乱れた教室からは、乱れた言動をする子が出てくる可能性が高いものです。

また、掃除をしていると、子どもたちの机のまわりや整理の仕方などから、子どもの普段のようすや変化の兆しがわかります。放課後の5分間清掃は、子ども理解にもつながるのです。

① 担当箇所が明確

② 道具がそろっている

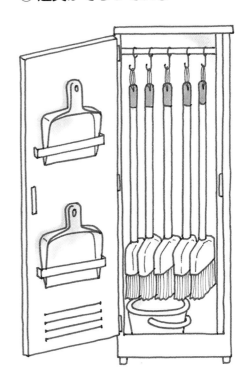

③ 手順が明確

教室掃除
1. 机といすを後ろにずらす。
2. 床をはく。床をふく。
3. 机といすを前にずらす。
4. 床をはく。床をふく。
5. 机といすをもとの位置にもどす。

| **4月** | 5月 | 6月 | 7月 | 8月 | 9月 | 10月 | 11月 | 12月 | 1月 | 2月 | 3月 |

家庭学習の指導◎宿題忘れを防ぐ

宿題を忘れてきたときは「忘れました」と教師に伝える、20分休憩などにする、宿題をしたけれどもってこなかったときももう一度学校でする、こうしたルールを示します。

☺ すすめ方 ランドセルに入れるまでが宿題です

○3つのことをさせる

宿題は学校の学習を定着させるために家庭でする学習です。また、わが子が机の前で宿題をしている姿を見ると親は安心します。まず4月のはじめに宿題を忘れてきたときはどうすればいいかを子どもたちに話し、徹底します。

- 教師に「宿題を忘れました」と正直にいう
- 20分休憩にする
- 連絡帳に赤で忘れた宿題を書く

○もってくるのを忘れても、もう一度させる

「人間は忘れる動物です。失敗したときは、ごまかさずに、次にするべきことをすることが大事です。家でしてきたけどもってくるのを忘れた人も、もう一度します。社会人になって「書類を忘れました。明日もってきます」といっても通用しません。「ランドセルに入れるまでが宿題です」といいます。

宿題忘れをきつくしかる必要はありません。冷静に「休み時間にして、終わったら遊んできなさいね」といいます。

☆ ポイント・工夫 家庭にあらかじめ伝える

学級通信などで、家庭にも、宿題忘れについての対応を伝えておきます。休憩時間にさせるのは罰ではありません。大人になってもとるべき行動を教えています。人格の完成につながります。(右ページ)

● まとめや次への見通し

○特別な事情がある場合には、量や内容を調節したり、放課後に「その日」の宿題をさせるなど、個別に対応します。

学級づくり

宿題忘れを防ぐ

宿題忘れについて担任の考えを家庭にも伝える

ソレイユ

2014. 4. 15　No.6

「ランドセルに入れるまでが宿題です」

　忘れ物について、次のようにクラスで話しました。
①忘れ物はよくないことだが、忘れたことを隠したりごまかしたりすることはもっとよくないことだ。
②忘れ物をしたことに気づいたときは、すぐに先生にいいにくる。
③忘れたことの報告と、どうするかをいう（貸してください。隣の人に見せてもらいます。など）。
④宿題を忘れたときは、朝の学習の時間や、大休憩にする。
⑤宿題はしたけれど、もってくるのを忘れたときも学校でもう1度する。

　人間は「忘れる動物」だといわれています。ぼく自身もよく忘れることがあります。忘れることができるからこそ、今も生きているのかもしれません。（恥ずかしい言動や失恋体験など忘れなければ生きていけません）

　しかし、忘れないようにするにはどうすればいいのか、忘れたときにどうするのかが、もっと大切だと思っています。（習字道具や絵の具セットなどのもち物は、2、3日前から連絡をするつもりです。それも、忘れ物をして困らないための手立てです）

　忘れたときはごまかさずに、正直にいうことは5年生の課題だけではなく、人間として大切なことです。

　クラスのみんなが宿題をしているときに、できなかった人は、みんなが休憩しているときにするのは、当然のことですし、その日のうちに、失敗を取り戻すことも大事なことです。

　⑤の宿題はしたけれど、もってくるのを忘れたときのことですが、大人になって仕事に就いたときに、「書類は仕上げましたが、家に忘れました」では通用しません。

　厳しいかもしれませんが、「ランドセルに入れるまでが宿題」なのです。

　ぼくは、3組の子どもたちに、5年生として成長するだけでなく、人間としても成長してほしいのです。

4月・学級づくり

はじめての授業参観

はじめての授業参観で保護者の関心事は、わが子が先生の話をきちんと聞いているか、他の子と同じように挙手をして発言できているかどうかです。その2点を考慮した授業をします。

 すすめ方
全員が手を挙げ、全員が発言する

○ユニットに分ける

かつて、以下のような授業をしました。教科は国語です。

- 漢字まちがいさがし　　　（5分）
- 新出漢字の学習　2字　（10分）
- 教材文の音読　連れ読み、一斉読み、一文読み　（15分）
- 読み取り　　　　（10分）
- ことわざカルタ　　　　（5分）

○全員が発言する

新出漢字の練習では、教師の指示通りに指書きをしたり、なぞり書きをしたりしているところを見てもらいます。

音読では、一文読みは全員が座席順に音読をします。これで全員が発言したことになります。読み取りは、普段より簡単な発問（教材文を見れば答えがわかる発問）をします。

ことわざカルタは、1度目は班で、2度目は保護者の方に班に加わってもらってします。（子どもが圧勝します）

 ポイント・工夫
静かな授業がベター

高学年の最初の授業参観では、活発な授業より、静かな授業の方がいいと思っています。高学年の成長した姿を保護者が感じてくださるからです。

● まとめや次への見通し

○いくつかのユニットに分けるのは、子どもが飽きない、その子の兄弟が他の学年に在席している保護者が、授業を見やすいというねらいもあります。

高学年ではアクティブな授業より落ち着いた授業を

●家庭に内容を予告しておこう

> **授業参観**
>
> 明日の授業参観は国語をします。お忙しいとは思いますが、是非お越しください。(※は、ねらいです)
>
> <u>授業の流れ</u> 13:40～14:25
>
> 13:40　　漢字まちがいさがし
>
> 　　45　　暗唱　　「銀河」
> 　　　　　　　　　「丘の上の学校で」※みんなで、一人で
>
> 　　50　　新出漢字「貿」「易」　※指書き、なぞり書き
> 　　　　　　　　　　　　　　　　がていねいにできて
> 　　　　　　　　　　　　　　　　いるか
>
> 14:00　　音読　　「のどがかわいた」一文読み
> 　　　　　　　　　　　　　　　　※大きな声で読めるか
>
> 　　10　　読解　　　　　　　　※書いていないことを
> 　　　　　　　　　　　　　　　　見つけられるか
>
> 　　20　　ことわざカルタ　　　※仲良く楽しんでいる
> 　　　　　　　　　　　　　　　　か
>
> 　　25
>
> 参観後、学級懇談会をします。お子さんの「5年生になって」の作文を紹介します。短時間で終わりますので教室に残ってくだされればうれしいです。

「のどがかわいた」発問例

- この話の登場人物はだれですか。
- 季節はいつですか。
- イタマルにとって水を飲むことはどのようなことなのですか。

4月・学級づくり

●漢字まちがいさがし

はじめての授業参観

メモからはじめる授業計画づくり

あしたのために授業計画ノートを作成しよう。見通しがもてて、授業の構成力がつきます。

毎日の授業を計画的に行うために、「あしたのために」というタイトルをつけたノートに、翌日の授業の流れを書きます。1ページ程度の簡単なメモでもかまいません。授業がスムーズに進みます。

授業の流れをメモする

1冊の大学ノートを用意します。左端に縦に線をひき、日付と翌日の授業の教科名を書き、授業で教えることを書いていきます。

たとえば、1時間目が国語なら次のようなことを書いていきます。
○新出漢字
- 子どもにとって興味のある成り立ちがあれば書いておく
- まちがえやすい箇所をチェックする

○教材文の音読
- 音読の回数や音読の方法をメモ

○主要な発問

算数の例ならば以下のようにします。

○100マス計算
○教科書の例題
- 教える流れを簡単に書く

○練習問題
- 実際に解いてみて答えを書く

このように授業の簡単な流れを6時間目まで書いていきます。毎日6時間も書かなければならないのかと重荷に思う必要はありません。専科の授業がある日もありますし、テストの時間や学校行事もあります。抜ける時間も案外多いのです。

書く時間は30分程度です。あまり長く時間をかけると長続きしません。毎日続けなければいけないと思わない方が長続きします。簡単なメモでいいと思って続けます。

会議のはじまる前の数分間や放課後のちょっとした時間に、簡単にメモする習慣をつけるといいと思います。

45分で何をどこまで教えるかを書くだけでも十分です。忙しくて、書けないことがあってもいいと思います。

授業の構成力がつく

　「あしたのために」をしばらく続けていると、45分の授業構成力がつき、子どものつまずきがわかります。

　「あしたのために」を書きはじめたころ、こんなことがありました。

　算数でここまで教えようと思ってノートにメモをするのですが、実際にはそこまで進めず、授業が終わってしまうことがありました。そうすると、翌日のノートに、また、今日の残りと同じ内容のメモを書きました。

　そんな経験をしていくうちに、だんだん、45分ではここまでできそうだということがわかってくるようになります。

　また、指導書にあるような計画ほど進めないなとか、ここはもう少し進めそうだなどということも、徐々にわかってきます。

教材研究ノートにもなる

　あるとき「あしたのために」を教卓に広げて授業をしていると、授業後に子どもたちから「先生が教えた通りのことが書いてある」といわれることがありました。「君たちに一生懸命勉強を教えて、かしこくなってほしいからこんなふうに勉強しているんだよ」と答えました。何年か続けると、教材研究ノートにもなります。同じ学年をもったときには、このノートが役立ちます。同じ教材でも、教える子どもが変われば、反応や進度にちがいに出てきます。このノートをもとに子どもの変化や教科書での扱い方のちがい、指導要領の改訂の影響などを把握することができます。

　慣れてきたら、得意な教科や力を入れたい教科のメモは、少し詳しく書いてみましょう。1日30分で十分、気軽な気持ちではじめましょう。

| 4月 | **5月** | 6月 | 7月 | 8月 | 9月 | 10月 | 11月 | 12月 | 1月 | 2月 | 3月 |

読み

都道府県を唱える

5年生の社会では、日本の産業の学習をします。そのとき、都道府県名をきちんと覚えていることが、学習を進めるうえで必要です。県名と位置関係を同時に覚える方法を紹介します。北海道から沖縄まで30秒で唱えることができます。

😊 すすめ方 北から南、西から東の順に唱える

○社会の時間に少しずつ

社会の時間の冒頭10分間を使って、地方ごとに、北から南、西から東へと覚えます。

東北地方では、「青森・秋田・岩手・山形・宮城・福島」という順で唱えます。地図帳などで、北から南、西から東の順を確認します。「青森・秋田・岩手」と「山形・宮城・福島」と2つに分けて練習させます。

○位置関係もわかる

関西地方の子どもが、苦手にしている関東地方の群馬県、栃木県、茨城県の位置関係も、「群馬・栃木・茨城」と覚えると、西から順に並んでいることがわかります。

授業実践の経験から、東北地方、関東地方を唱えられると、覚えるスピードがどんどん早くなります。

並行して都道府県カルタをするといいでしょう（82ページ参照）。

⭐ ポイント・工夫 30秒ルールを提案する

1週間に1つの地方のペースで覚えさせます。1地方を2つに分けて練習させると無理なく覚えられます。30秒で北海道から沖縄まで唱えられたら合格というと、ゲーム感覚で覚えていきます。

● まとめや次への見通し

○唱える→書くという順で指導します。北海道から沖縄まで唱えることができたら、プリントで書く練習です。はじめは覚えた順番の通りのプリントを使い、慣れてきたら、番号を変えたプリントを使います。

かっとばせ！　都道府県

名前（　　　　　　　　）

①北海道！

②青森・秋田・岩手　　山形・宮城・福島　　かっとばせー東北！
　　V　　V　　VVV　　V　　V　　VVV

③群馬・栃木・茨城　　埼玉・東京・千葉・神奈川　　かっとばせー関東！
　　V　　V　　VVV　　V　　V　　　VVV

④福井・石川・富山　　新潟・岐阜・長野　山梨・愛知・静岡　　かっとばせー中部！
　　V　　V　　VVV　　V　　V　　VVV　　V　　V　　VVV

⑤兵庫・京都・滋賀　　大阪・奈良・三重・和歌山　　かっとばせー近畿！
　　V　　V　　VVV　　V　　V　　　VVV

⑥島根・鳥取・山口　　広島・岡山　　かっとばせー中国！
　　V　　V　　VVV　　V　V　　VVV

⑦愛媛・香川・徳島・高知　　かっとばせー四国！
　　V　　V　　　VVV

⑧長崎・佐賀・福岡　　熊本・大分・宮崎　　鹿児島・沖縄　　かっとばせー九州！
　　V　　V　　VVV　　V　　V　　VVV　　V　V　　VVV

まちがいやすい漢字

（読めるかな）

宮城　　　茨城　　　栃木　　　群馬　　　埼玉　　　新潟

富山　　　岐阜　　　静岡　　　愛知　　　滋賀　　　奈良

鳥取　　　徳島　　　香川　　　愛媛　　　鹿児島　　　沖縄

潟

ことわざカルタ

ことわざカルタは、楽しみながらことわざを覚えられ、学力のすそ野を広げるのに役立ちます。子どもたちに大人気です。クラスが仲良くなり、学級づくりにも役立ちます。学習参観などで保護者に支持される実践です。

すすめ方 いきなりゲームから入る

カルタは班の数＋教師用を用意します。

○毎日2回だけする

1か月20枚ずつ同じ札でします。継続は力です。毎日5分でいいですから、毎日2回します。もう1回したくなるぐらいが、ちょうどいいのです。

○3分だけ話をして、即カルタ

導入時だけことわざの内容紹介をします。黒板に「猿も木から落ちる」と板書し「意味がわかる人？」と聞くと、学級のだれかが答えるでしょう。

「そうですね。上手な人も失敗することがあるという意味ですね。このように、昔からいい伝えられてきた、ためになる短い言葉をことわざといいます」と簡単に説明し、班ごとにことわざカルタを配ります。

○カルタをしながらルールを教える

子どもの中にはカルタ取りの遊びの経験が少ない子もいます。また、学級でする場合は、集団ですることを考慮したルールが必要です。やりながら1つずつルールを教えます。

ポイント・工夫 毎日する

1日わずか5分でも、毎日するのは難しいです。私は、朝のあいさつの後にしていました。朝イチにすると忘れずにすみます。国語の時間の冒頭にしてもいいでしょう。

● まとめや次への見通し

- ○1か月経つと、次のことわざ（20枚ずつ）に移ります。カルタを取るのが早くなったら授業参観で親子対決をします。
- ○ことわざの本を紹介すると、子どもたちの関心が広がり取り組みが継続します。

毎朝5分、2回のカルタ取りが継続のコツ

　カルタは教師が保存しておきます。班にカルタ係をつくって、朝、準備するようにすると、自治意識も育ちます。

① 「騒ぐと1回休み」──独自ルールも必要

> ルール
> ・同時のときは、だまってジャンケン
> ・お手つきは1回休み
> ・机の端に手をおいてから札を取る
> ・騒がしい人も1回休み

『ことわざカルタ・百人一首であそんで学習』（フォーラム・A）

大達和彦氏（山口学力研）のオリジナル教材です。札の裏にことわざの意味がのっています。

② 授業参観で

3段階の発問で読み取り授業を活性化

自分がする発問がどの段階のものかを知っていると、発問づくりが楽しくでき、子どもたちの読解力を高めることができます。

すすめ方
3段階の発問を組み合わせる

○3段階の発問とは

　まず文章に書いてあることを選び出す＝逐語的発問、次に文章には直接書いていないが文脈から判断できる＝文脈的発問、最後は、文章からイメージをふくらます＝イメージ的発問の3段階です。

○「たんぽぽ」を例に

　川崎洋さんの「たんぽぽ」を例にとります。

　「たくさん飛んでいくのは何ですか？」は逐語的発問。

　「詩に出てくるたんぽぽの絵を描きましょう」は文脈的発問。詩の「たんぽぽ」は、花ではなく、わた毛であることが文脈からわかります。

　「川に落ちるなといっているのはだれでしょう？」はイメージ的発問。「川の土手で見ている人」「たんぽぽの花」「わた毛どうしが声をかけ合っている」「太陽や風が励ましている」とイメージする子もいるでしょう。わた毛が遠くまで飛んでいって、たんぽぽに育ってほしいという作者の思いが理解できていればいいのです。

○逐語的発問と文脈的発問をする

　逐語的発問をし、子どもたちが教材文を見るという習慣をつけます。次に文脈的発問をすると、子どもの読解力が高まり、国語の授業が楽しくなります。1時間の授業で逐語的発問と文脈的発問を組み合わせるように心がけます。

ポイント・工夫
授業の傍観者を出さない

　逐語的発問はみんなが答えられる発問ですから、全員の手が挙がるまで基本的には待つべきです。

● まとめや次への見通し

○同音異義語、婉曲表現から発問を考えると、国語の授業が楽しくなります。

どの子も参加できる読解授業

3段階の発問例

逐語的発問	「この詩の題名は何でしょう」 「作者はだれでしょう」 「たくさん飛んでいくのは何でしょう」	→	たんぽぽ 川崎　洋 たんぽぽ	教材文を見る習慣
文脈的発問	「この詩に出てくるたんぽぽの絵を描きましょう」 「4つの名前の他にどんな名前がありますか」 「なぜ川に落ちたらいけないのですか」	→	花ではなく、わた毛を描いてほしい た・ん・ぽ・ぽの4文字のシャッフルに気づいてほしい たんぽぽの芽が出ないから	読解力の高まり
イメージ的発問	「川に落ちるなといった人はだれですか」	→	わた毛が飛んで行くのを見ている人、わた毛どうしが声をかけ合っている、たんぽぽの花がいっている、太陽や風が励ましているなど	

文脈的発問をつくる

①同音異義語から考える
- 「春の歌」に出てくる「くも」は、空の雲ですか？　虫のくもですか？→空の雲
- 「おれはカマキリ」に出てくる「もえるひ」の「ひ」は燃える「火」ですか？　お日さまの「日」ですか？→お日さまの「日」

②婉曲表現から考える
- 「一つの花」に出てくる主人公のお父さんが戦争に行かなければならなくなった文章から、どんなことがわかりますか？→戦争がはげしくなってきた

③情景描写から考える
- 「大造じいさんとがん」の秋の情景からどんなようすが考えられますか？

鉛筆の持ち方の指導

正しい鉛筆の持ち方は集中力や持続力を高める重要なスキルです。1年生から指導されているにもかかわらず、悪いくせをつけている子が多くいます。正しい箸の持ち方、正しい鉛筆の持ち方へとつなぐ取り組みを紹介します。

😊 すすめ方　箸から鉛筆へ

　栄養教諭と共同で行った食育の授業です。正しい箸の持ち方ができることは、大人のマナーでもあり、鉛筆の持ち方の矯正よりも簡単です。

○箸の持ち方から

　箸を人数分用意（100円均一店で準備）します。いまさら「箸の持ち方？」と思う子どももいますので、こんな話をして用意した箸を配ります。
　「今日は、箸の持ち方の勉強をします。正しい箸の持ち方を知っていますか？ 正しい箸の持ち方は日本の文化、大人のマナーです。君たちは将来どんな偉い人と食事をするかもしれません。恋人のご両親と食事をすることもあるかもしれません。そんなときに正しい箸の持ち方ができるとかっこいいですよ」といいます。

○鉛筆の持ち方へ

　黒板に手本のイラストを貼って、正しい持ち方を伝えます。上手にできている子をほめ、「上の箸の持ち方は、鉛筆の持ち方と同じです。箸の持ち方がうまくなると、鉛筆の持ち方も上手になります」といい、その後大豆つかみゲームをします。

⭐ ポイント・工夫　まず、知っていること

　正しい鉛筆や箸の持ち方がすぐにできなくてもいいと思っています。できなくても「知っていること」がまず大事です。知っていれば国語の時間「正しい鉛筆の持ち方をしてみましょう」というだけで、子どもは意識するのです。

● まとめや次への見通し

○1年間ことあるごとに指導しましょう。たとえば、決まった曜日に声をかけるなど、教師の方で習慣化することも大切です。

◎箸の持ち方から鉛筆の持ち方へ

① 正しい箸の持ち方

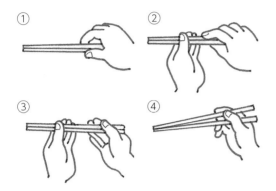

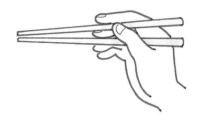

①右手で箸をとる
②左手で箸を受ける
③右手で正しい持ち方に替える
④これが正しい持ち方

お箸の正しい持ち方
下の箸を薬指の先端と親指・人さし指の股部においてしっかり固定し、親指で2本を押さえます。上の箸を親指・人さし指・中指の3本で動かし、食べ物をはさんだり、つまんだりします。

正しい箸の持ち方で、2本の箸の上の1本の箸の持ち方は鉛筆の持ち方とほぼ同じ。

② 大豆つかみゲーム

どのグループが早く移動させられるか競います。

- 4人グループ
- ペアで

字形の整ったひらがなを書かせる指導

1年生で覚えたひらがなの字形を5年生で復習すると、以前ではわからなかった書き方のコツが理解できるようになります。子どもたちに分析と総合の力が育っているからです。

ひらがなにはコツがある

○「い」の上下に線をひく

3人を指名して黒板にひらがなの「い」を書かせます。

書き終わったら「どの『い』が上手ですか？」とたずねます。子どもたちは、「Aくんの字かなあ」「Bくんの字かなあ」と考えています。

子どもたちが上手だと思う「い」の1画目と2画目の書き出しをチョークで結んでみます。高さがそろって黒板の横と平行になっています。次に、1画目のはねる部分と、2画目の終筆の部分を先と同じように線で結びます。今度はその線が斜め右上になっていることがわかります。

○2本の線のなかに「い」を書く

「『い』というひらがなをうまく書くコツは、上の線がまっすぐ、下の線が右上がりになっていることです。ひらがなにはうまく書けるコツがあるのです」と話します。ノートに2本の線をひいて、そのなかに「い」を書かせると、上手な「い」が書けます。

☆ ポイント・工夫 漢字練習や連絡帳を書くときに短時間で

漢字練習の時間や連絡帳を書くなど、機会をみて短時間にひらがなのポイントを伝えます。ひらがながうまく書けると、全体の字がきれいに見え、きれいなノートづくりができます。

まとめや次への見通し

○ひらがな指導は1年生の課題ですが、コツをつかんでひらがながきれいに書ける過程は知的な作業です。高学年で覚え直す価値があります。今後の学習で必ず力になります。

美しいひらがなで、美しいノートづくりを

分析と総合力が育った高学年は短時間で美しいひらがなを書くことができるようになります。

② すぐつかめるひらがなのコツ

つ のなかま
- ち → ち　　つになる
- ろ → ろ　　指でかくすと"つ"に見える
- る → る
- わ → わ
- ら → ら

ま のなかま
- ま → ま　　ななめ下にまげてからなみだの形にする
- よ → よ
- は → は　　なみだの形
- ほ → ほ

お のなかま
- お → お
- め → め　　ななめに　小大
- あ → あ

- の
  1、カタカナのノをかく
  2、まっすぐ上にあげる
  3、まるくはらう
  の → の

- ん
  1、ななめせん
  2、まん中までずれてもどる
  3、半分の円

| 4月 | 5月 | 6月 | 7月 | 8月 | 9月 | 10月 | 11月 | 12月 | 1月 | 2月 | 3月 |

小数のかけ算導入◎小数点はどこ？

小数の乗除では、小数点の位置の移動で混乱する子どもが多くいます。ここでは小数点をマグネットを使って移動させて、数字の並びは変わらずに、10倍、100倍すると右に、10分の1、100分の1にすると左に移動することを体験的に理解させます。

すすめ方
小数点の移動に注目させる

○**小数点をマグネットで動かして確認**

黒板に「1.57」と書きます。このとき小数点はチョークで書かないで、白いマグネットにします。

教師「読みましょう」。子ども「1.57です」。

教師「1.57を10倍した数はいくつですか」。「15.7です」と子どもが答えたら、マグネットの小数点を右へ1つ移動させます。

教師「1.57を100倍するといくつになりますか」。子ども「157です」。

○**子どもにさせる**

今度は子どもを指名して、小数第2位の数字から10倍、100倍とマグネットの小数点を移動させます。指名されなかった子どもたちも、友だちの操作を集中して見ています。

○**10分の1、100分の1にして小数点を移動させる**

同じように、157を10分の1、100分の1にするといくつになるかをマグネットの小数点を移動させて考えます。数字の並びは変わらないで、小数点だけ移動していくのがよくわかります。

ポイント・工夫
電卓を使って移動を確認する

小数点の移動は電卓を使って指導するとさらによくわかります。

● まとめや次への見通し

○10倍、100倍、10分の1、100分の1の計算は、筆算を使わないでも計算できるという「算数のよさ」を体験させます。数感覚をつけることにつながります。

小数点の移動を体験！

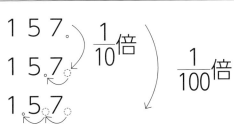

マグネットを小数点に見立てて動かしてみましょう

電卓を使うと小数点の移動が鮮やか

◎ 10倍、100倍するとき
まず、1 0 × × と押し、1 . 5 7 と押し、= を1回押すと10倍、もう1回 = を押すと100倍た157が表示されます。

◎ $\frac{1}{10}$、$\frac{1}{100}$ するとき
1 5 7 ÷ ÷ 1 0 と押し、= を1回押すと $\frac{1}{10}$、もう1回 = を押すと $\frac{1}{100}$ した数字が出ます。
電卓により 1 0 ÷ ÷ 1 5 7 もある。

小数のかけ算導入◎小数点はどこ？

小数のかけ算の指導

小数のかけ算は、小数点の打つ位置がポイントです。打ちまちがいをなくすには、小数点以下の数字を○で囲む方法と概算の考え方が有効です。

😊 すすめ方 小数に○をつけるか、指で隠す

○整数にして計算する

「2.1×3.2」の計算をします。これを、整数のかけ算の「21×32」をもとにして考えます。かけられる数もかける数も10倍しているので、答えが100倍されています。したがって、整数での計算の答えを100でわります。

2.1×3.2＝6.72 になります。

○小数点以下の数字を○で囲む

ここまでは既習事項を使って計算しました。次は小数点の移動に注目させたやり方です。「2.1」の小数点以下の数字に○をつけます。①です。「3.2」も同様に②です。○が2つあるので、672の一の位から2つ○をつけます。6⑦②になるので、⑦②が小数点以下です。したがって、答えは「6.72」です。

○概算して、小数点の位置を見つける

小数点以下の数字を指で隠し、「2×3」を考えます。答えは6ですから、小数点は6と小数第1位の7の間につきます。これは答えを見積もる方法です。このように概算をすることは、数感覚を高め、うっかりミスを防ぎます。

☆ ポイント・工夫 計算が苦手な子にも

答えがどれくらいになるのかを、いつも意識させることが大切です。また、小数点だけをつけるプリントを用意すると、整数のかけ算の苦手な子も抵抗なくできます。

● まとめや次への見通し

○既習事項を使って（この場合は整数におきかえる）解く考え方は、小数のわり算でも活用できます。

小数点をどこに打つか、クラス全員でする

◎ 小数点を打つだけの練習プリントを使う

● 次の計算問題の答えに小数点を入れましょう。

① 　3.3
　×1.5
　 165
　 33
　 4.95

② 　4.2
　×2.6
　 252
　 84
　1092

③ 　5.7
　×3.4
　 228
　 171
　1938

④ 　6.4
　×2.5
　 320
　 128
　1600

⑤ 　7.5
　×4.2
　 150
　 300
　3150

⑥ 　5.8
　×1.5
　 290
　 58
　 870

⑦ 　0.4
　×0.3
　　12

⑧ 　0.6
　×0.5
　　30

小数のかけ算の指導　063

テストの効果を倍加させる採点法

テストは、その日に採点し、その日か次の日に返却することが大切です。すぐに返すと、まちがえたかところが鮮明で「覚え直し」ができるからです。反対にしばらくたってから返却すると、まちがいよりも点数ばかり気にする傾向が強くなります。

すすめ方
早く返すと学力がつく

○時間内に採点をはじめる

　テストがはじまって20分ほど経ってから「100点の自信がある人は、前に出しなさい」といって、提出させます。提出した子どもに読書をさせます。

　早く出した子は、まちがいが比較的少ないですから、その時間内にどんどん採点をします。終業チャイムが鳴るときには、半分ぐらいの採点が終わっています。

　残りの半分の答案を、20分休み（2時間目後の休み）や昼休憩、または、専科の授業の空き時間などを使って採点をします。早ければその日のうちに、遅くとも翌日には、返却ができます。

○早く返すと「覚え直し」がしやすい

　早く返すとまちがった箇所に注意が向き、遅くなると点数以外に関心がいかなくなりがちです。学力向上の観点からも早く返すことが有効です。子どもたちからも、家庭からも好評です。

ポイント・工夫
その日に返すことも可能

　テスト時間内で採点をはじめるのが、最大のポイントです。もし時間割変更が可能なら、1時間目にテストを行うと、その日のうちに採点と返却ができます。

まとめや次への見通し

　○テストは1日1枚を原則にします。テスト勉強も1教科にしぼれますし、採点する意欲もでます。未採点のテストを長くもっていると、採点をするのがおっくうになります。

○の基準がぶれず、早く採点できる裏ワザ

下から順番にテスト用紙を落としていきます。

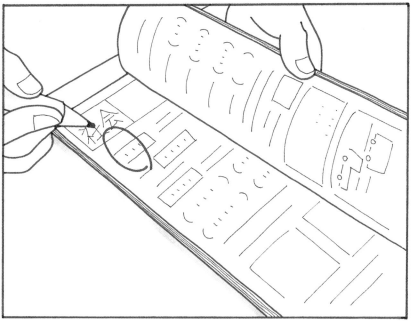

右半分は、テスト用紙を逆さまにして、採点します。

そのときの丸は、数字のゼロを書く要領ですると、用紙を元に戻したとき、ふだんの丸に見えます。

都道府県なぞなぞ

都道府県の名前を覚えたら、都道府県のなぞなぞで盛り上がりましょう。都道府県の関する知識の有無が問われないなぞなぞです。都道府県名を知っていればみんなが楽しむことができます。

すすめ方　ノートに書かせて理由も考えさせる

○**簡単なものは板書、複雑なものは画用紙に**

「都道府県のなぞなぞです。何県でしょう。わかった人はノートに都道府県名を書きましょう。わかった人も声に出してはいけません」といって、黒板に書きます。八つ切りの画用紙にかいて黒板に貼ってもかまいません。

なぞなぞがわかった人は、なぜそう考えたのか理由もノートに書かせます。これが時間調整にもなります。

○**理由もいわせる**

答えを発表してから、その理由をいわせます。たとえば「大阪府」なら、「大という字は逆さまになっているから」と答えさせます。

○**プリントにしてさせない**

プリントにして配ってさせると、みんなで考える楽しさがなくなります。黒板や画用紙に書くのは手間かもしれませんが、この後の授業の盛り上がりが全然ちがいます。

☆ ポイント・工夫　社会科授業が楽しみになるように1日2問

子どもたちは、「もっともっと」「もう1問して」といいますが、1日2問を限度にします。楽しさが長続きして、社会科の授業そのものを楽しみにするようになります。子どもたちになぞなぞをつくらせて交流するのも楽しいです。

● まとめや次への見通し

○なぞなぞから、都道府県を唱えたり書かせたり（51ページ）することにつなげたり、逆をしたりします。また6月には都道府県カルタ（83ページ）にも取り組み、多面的に興味をもたせます。
○みんなで考える楽しさが学級づくりに役立ちます。

「これは何県？」みんなで考える楽しさを

黒板や画用紙に描いて、みんなで考えましょう。

葉に1000	田の字	にぬねのな	田
県	県	県	県
(種)	正 正 正 正	◯に斜線	鹿
県	県	県	県
え エ e	とととと…	ちちちちち／木	カカカカカ／ママママ
県	県	県	県

都道府県なぞなぞ 067

辞書に親しむ

国語や漢字の力を伸ばすには、語彙を増やすことが重要です。辞書を日常的にひいて、楽しみながら語彙を増やします。

すすめ方
30秒で辞書をひく

国語の授業では国語辞典を3年生、漢字辞典を4年生で学習しています。それ以後は意識的に取り組まないと、辞書をひく習慣は定着しません。

○**抽象語が覚えにくい**

中学年から高学年にかけて漢字の習得率が悪くなるのは、抽象的な意味の熟語が増えるからです。たとえば、5年生の漢字では「基準」「経過」「由来」などです。言葉の意味がわかっていないと、漢字は覚えにくいし、忘れやすいものです。

○**ゲームとして辞書をひく**

黒板に「由来」という字を書きます。「30秒以内にひけたら合格です。ひけたら手をあげます。ヨーイ、はじめ」といって辞書を一斉にひかせます。手があがったら、「15秒」などと時間を告げます。30秒たったら、見つけられない人は隣や班の人に教えてもらいます。

辞書をひき慣れている子が速いですが、見当をつけて開いたページに、その熟語があることもあるので、「逆転現象」がしばしば起きます。

○**国語以外の教科でも**

授業の気分転換に短時間で取り組みます。社会科など他の教科でも有効です。

ポイント・工夫
あかさたな…を覚えさせる

「あいうえお」は知っていても、「あかさたな…」を唱えられない子が多くいます。「あかさたな…」を唱えさせる練習をさせます。また、ひいた箇所に付箋をつけると、ひいた頻度が視覚化でき、意欲が増します。

まとめや次への見通し

○30秒なら辞書をひくことに抵抗感をなくすことができるでしょう。
○「辞書をつくる人になって、次の言葉の説明を考えてみましょう」といって「北」「右」「青」などの説明を考えさせると辞書に興味をもちます。

◎ゲームとして辞書びきを楽しむ

◎5年生の教科書に出てくる熟語

世界遺産　貨物列車　国勢調査　土木工事　公立学校　炭水化物　内部構造　飲酒運転　空手初段　文学博士　道路標識　生活態度　第一印象　反対意見　百科事典　象形文字　問題解決　筆記用具

株式会社　皮革製品　高層建築　基幹産業　高等学校　得意科目　固形燃料　口述筆記　洋服一着　四苦八苦　先手必勝　工業生産　護岸工事　治水工事　器械体操　三角定規　校長先生　自己満足

給与所得　最新設備　熱帯地方　交通事故　府立高校　林間学校　自画自賛　決勝進出　三人兄弟　百人一首　四捨五入　穀倉地帯　銀行口座　北洋漁業　前後不覚　少数意見　日照時間　小康状態

漢字学習に新しい視点を提示する1 ◎字源の授業

漢字学習には2つのことが重要だと思います。1つは、漢字をくり返し練習すること、2つ目は、漢字に興味をもたせることです。その1つの手立てが字源の授業です。漢字にひそむ思わぬ意味に、子どもの漢字への興味が高まります。

すすめ方 「手」を表す「⇁」を使って漢字のつながりを知らせる

○機会をみて時間をとって

授業計画を右に載せました。まず「昔の漢字です。何と読むでしょう」といって「山、川、月、水、日」の象形（右ページ参照）を示し、何の漢字かを考えさせます。

○「手」の象形から「友」の字源に発展させる

次に「手」（右ページ参照）の象形「⇁」を提示し、何の漢字かを考えさせます。「手」であることを確認し、次にこれを2つ並べて何の漢字かを考えさせます。

子どもたちの意見を発表させたのち、手と手を合わせて協力することから「友」という漢字になったことを伝えます。

○「手」を使って「右、左」の筆順のちがいを説明する

「左」と「右」の読みと筆順を確認し、「似ている2つの字の筆順がちがうのはなぜでしょう」といって、手の象形を使って説明します。

ここまで進めると、漢字のつながりについて気づく子どもも出てきます。

そこで今度は「尋」「雪」を黒板に書き、同様に「手」の象形を使って字源を解説します。

ポイント・工夫 教師の語りだけでなく

教師の語りだけでなく子どもに考えさせる、発表させるなどしてテンポよく進めます。

● まとめや次への見通し

- ○新出漢字を教えるときに、成り立ちを簡単に紹介するだけでも興味をもちます。
- ○漢字の成り立ちについて取り上げている教科書もあります。その単元のときにしてもよいでしょう。

授業計画

1. 山、川、月、水、日などの象形を見せ、何の漢字か問う。

2. 「㇏」を黒板に貼り、何か問う。(ヒント:体の一部「手」)
   答えが出ないときは、黒板に答えの漢字を書く。

3. 「㇏」「㇏」の2つの象形を黒板に貼る。
   「手が並んでいます。これは何という字でしょう」
   答えが出ないときは、「友」になるように書く。
   「手と手を合わせて、協力するという漢字が友です」

4. 左と右の象形を貼って、筆順のちがいのなどを説明する。
   左の「工」の部分は神様にお祈りする道具。
   右の「口」の部分は神様にお祈りする言葉の入った箱。

漢字ゲーム

漢字の書き取り練習だけでなく、ときには字源の授業をしたり、漢字の楽しいゲームをして、子どもたちに漢字への親しみをもたせます。ここでは漢字ゲームをいくつか紹介します。

すすめ方　楽しく、そして知的にゲームアラカルト

授業や行事後のすきま時間の10分くらいを使ってします。国語のノートを用意させます。

○「日」に1画たして漢字をつくる

「ノートに縦3マス、横3マスの合計9マスの正方形を書きなさい」「まんなかに日という字を書きます。この日に1画をたして漢字を8つつくりなさい」といいます。

田、目、白が出て、由が思いつけば、甲や申が見つかります。「旧」という字が少し難しく、「旦」が見つけにくかったようです。「正解をいいましょうか？」というと「待ってください」という声が続出します。

○画数を増やして漢字をつくる

次に、「今度は日に2画つけたして漢字をつくりましょう」という問題を出します。「早」「自」「百」「曲」があります。他にも、「口」に2画をたすという問題も楽しいです。

○漢字ビンゴ

「漢字ビンゴ」たとえば、木へんの漢字を9マスに書いて、ビンゴを競うゲームです。このゲームも、子どもたちのお気に入りです。

ポイント・工夫　楽しいことは小出しにする

一度にたくさんするよりも、少しずつ何回もする方が楽しみは長続きします。もうちょっとやりたいときがやめどきです。

● まとめや次への見通し

○授業参観でもできる取り組みです。
○班でチームになって他班と競争すると、協力するよさを体験できて学級づくりに有効です。

知的な漢字ゲーム

① 「日」に1画をつけ加えて漢字がいくつできるか

- ノートに9マスのワクを かき、まんなかに「日」 を書く。
- 空いているワクに漢字を 8つ書く。
- 教科書見てもOKです。

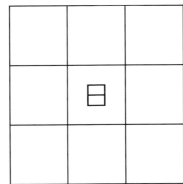

(答 田 目 白 由 甲 申 旧 旦)

さあ、ノートに書いてしてみよう

② 「口」に2画つけ加えると
　口に2画をつけ加えてできる漢字は

右 石 台 田 目 白 囚 古 旦 占 申 号 旧 由 兄 句 加 叶 四 只
甲 可 史 叱 召 叩 叺 叨 司 ……など

このなかで、小学校で学習するのは、次の漢字です。

右 石 台 田 目 白 古 申 号 旧 由 兄 句 加 四 可 史 司

③ 漢字ビンゴゲーム
　木へんの漢字を9つさがしてください。

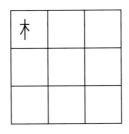

計算さかのぼり指導 2 ◎わり算 A 型 B 型 C 型

6月に入って100マス計算の後は、基本わり算に取り組みます。「16÷8」など、あまりのないわり算をA型、「19÷8」など、あまりを出すときにくり下がりのないわり算をB型、23÷8など、あまりを出すときにくり下がりのあるわり算をC型と呼びます。

すすめ方
A型からはじめる

○**100マス計算の次は基本わり算**

算数の授業の最初にします。100マス計算で、かけ算九九、くり下がりの計算のおさらいをした後は、基本わり算に取り組みます。

○**苦手な子どもに配慮して継続する**

まずは、わり算A型からはじめます。A、B、C型ともB4用紙でB5にして左右50題ずつあるプリントを使います。右と左を1日おきにさせます。5年生では目安は50題を2分以内です。答え合わせも入れて5分で終わるようにします。

B型50題の目安タイムは3分。C型50題の目安タイムは4分とします。50題が終わっていなくても4分たったら計算を終えます。C型は習熟に時間がかかります。1分ごとに鉛筆を置かせてさせると、苦手な子も集中力が続きます。

ポイント・工夫
5年の小数のわり算の導入にいきる

5年生の小数のわり算の商を立てるのが速く正確になります。集中力もつきます。C型をスラスラと解く光景は、感動的です。慣れないうちは「23÷8」の23の下に「16」と書かせると抵抗が少なくなります。

$$23÷8 = 2 あまり 7$$
$$\underline{16}$$
$$7$$

● まとめや次への見通し

○A型を1週間、B型を2週間、C型は1か月を目安に取り組みます。期間限定で取り組む方が、意欲的になります。

基本わり算に取り組む

(A型) 50題　2分以内

① $9 \div 1 =$
② $54 \div 9 =$
③ $0 \div 3 =$
④ $4 \div 4 =$
⑤ $20 \div 4 =$
⑥ $40 \div 5 =$
⑦ $18 \div 9 =$
⑧ $10 \div 5 =$
⑨ $0 \div 2 =$
⑩ $24 \div 4 =$
⑪ $72 \div 8 =$
⑫ $1 \div 1 =$
⑬ $16 \div 2 =$
⑭ $28 \div 4 =$
⑮ $54 \div 6 =$
⑯ $3 \div 3 =$
⑰ $81 \div 9 =$

1週間する

(B型) 50題　3分以内

① $28 \div 6 = \cdots$
② $64 \div 9 = \cdots$
③ $46 \div 7 = \cdots$
④ $73 \div 8 = \cdots$
⑤ $8 \div 5 = \cdots$
⑥ $49 \div 9 = \cdots$
⑦ $76 \div 8 = \cdots$
⑧ $5 \div 2 = \cdots$
⑨ $18 \div 7 = \cdots$
⑩ $23 \div 5 = \cdots$
⑪ $46 \div 6 = \cdots$
⑫ $37 \div 7 = \cdots$
⑬ $38 \div 5 =$
⑭ $15 \div 4 =$
⑮ $29 \div 8 =$
⑯ $32 \div 5 =$
⑰ $17 \div 2 =$

10日間か
2週間する

(C型) 50題　4分以内（4分たったら終える）

① $61 \div 7 = \cdots$
② $11 \div 8 = \cdots$
③ $21 \div 9 = \cdots$
④ $52 \div 6 = \cdots$
⑤ $50 \div 8 = \cdots$
⑥ $44 \div 9 = \cdots$
⑦ $52 \div 8 = \cdots$
⑧ $17 \div 9 = \cdots$
⑨ $22 \div 6 = \cdots$
⑩ $34 \div 9 = \cdots$
⑪ $10 \div 7 = \cdots$
⑫ $30 \div 4 = \cdots$
⑬ $51 \div 7 =$
⑭ $60 \div 8 =$
⑮ $25 \div 9 =$
⑯ $20 \div 6 =$
⑰ $15 \div 9 =$

20日間か
1か月する

小数のわり算◎小数点の打ち方指導

小数÷小数は小学校の計算の仕上げになります。わられる数とわる数に同じ数をかけても（わっても）答えは変わらないというわり算の性質を使って、小数のわり算を整数のわり算にして考えます。

😊 すすめ方 波のり「ちゃぷちゃぷ方式」を使って

○2つの数を10倍する

「4.8÷2.4」を筆算で計算します。子どもは小数どうしのわり算と聞いただけで「難しい！」とかまえてしまいます。そこで、次のことを押さえます。

- わる数もわられる数も整数におきかえて計算する。
- 先に商の小数点を打つ。

ちなみに、小数点の移動の矢印が波の形に似ているので「ちゃぷちゃぷ方式」と呼んでいます。楽しい呼称は、小数点の移動の仕方を印象づけます。ここまでを板書（右ページ参照）をしながら、教室で一斉にします。

○あまりの小数点の位置に注意

あまりを求める問題で、つまずきやすいのは、あまりの小数点の位置のところです。「あまりの小数点の位置はもとの小数点の位置」ですから、まず、まちがえない手立てとして、あらかじめもとの小数点から矢印をおろして、小数点を書いておくように指導します。

しかしなぜ、あまりはもとの小数点なのでしょうか？ わり算の性質を使ってわられる数とわる数も10倍しているので、ここで出てきたあまりも10倍されています。このことを子どもに伝えると、あまりの小数点の位置について注意するようになります。

⭐ ポイント・工夫 整数のわる2桁のわり算練習を

小数のわり算が苦手な子が多いのは、整数のわり算、とくにわる2桁の計算が苦手だからです。小数のわり算の前に整数のわり算のおさらいをさせます。

● まとめや次への見通し

○小数の単元が終わっても、ときどきわり算の復習をします。後の割合の単元でもわり算を使います。

小数点は波のり「ちゃぷちゃぷ」で移動

「4.8÷2.4」の筆算

① 2.4)4.8 → 2,4.)4.8

② 2.4)4.8 → 2,4.)4,8.↑

③
```
          2.
2,4.)4,8.
     4 8
     ───
       0
```

「4.8÷2.3」のあまりを求める問題

① 2.3)4.8 → 2,3.)4,8.↑

②
```
          2.
2,3.)4,8.
     4 6
     ───
     0↓2
```

　子どもたちは、わられる数とわる数をそれぞれ10倍して整数のわり算に変換するときに、「小数点を消す」という表現をしばしば使います。「消す」という表現ではなく、「小数点を移動する」というイメージをもたせます。

6月危機をのりこえる

新学期から2か月ほどたつと、学級に落ち着きがなくなり、授業中の私語が多くなることがあります。ここで、適切な指導をしないと学級経営が困難になる可能性があります。なぜ、この時期に落ち着きがなくなるのか、その原因とその対策を考えます。

すすめ方 学習ルールと授業を見直す

○学習ルールの基本は3つ

学習ルールの基本は次の3つです。

- 教師やクラスの人が話しているときは、口をはさまない。
- 発言は手を挙げてから行う。
- 「えー」「じゃまくさい」「めんどくさい」などの「マイナス言葉」を使わない。

これらのルールが崩れていないかを再チェックしましょう。よくないとは思っていても、結果的に放置していると、学級は崩れていきます。

○鉛筆しか聞こえない授業と一斉に声を出す授業を

学級がなんとなくざわついていると感じたときは、1時間の授業で、全員が一斉に声を出す時間と、鉛筆の音しか聞こえない時間を意識的につくることです。一斉音読や暗唱、100マス計算や視写、読書などを1時間のなかに入れるといいでしょう。

ポイント・工夫 教師がルールを乱していないか

学習ルールを乱しているのは、教師自身かもしれません。子どもの不規則発言に答えたり、ルールの乱れを見逃したりしていないか、自分の言動をふり返ってみましょう。学級が困難になるとほめ言葉が少なくなります。ほめることを意識します。

● まとめや次への見通し

○6月をのりきったら1学期は大丈夫です。次に訪れるとしたら11月危機です。9月を第2の新学期ととらえ、2学期はじめの3日間で学習ルールを再確認するところからはじめます。

教室に落ち着きをとりもどす2ポイント

① 1時間の授業に静と動をつくり出す

② 教師自身が学習のルールを乱していないか

6月の授業参観

6月の授業参観のポイントは、4月からの学力づくりの取り組みを保護者に見てもらうことです。1時間をユニットに分けて、暗唱や、保護者にも考えてもらえるクイズなどを取り入れます。

☺ すすめ方 ユニットに分ける

○実際の参観計画

次のような授業をしました。教科は社会科です。
- 名文暗唱 「春暁」「偶成」（5分）（19ページ参照）
- 都道府県なぞなぞ （10分）（66ページ参照）
- 都道府県の暗唱 全員→班→個人（＝希望者） （5分）（50ページ参照）
- 米づくりの学習 （15分）
- 都道府県カルタ （10分）（くわしくは次項82ページ）

○暗唱を保護者に聞いてもらう場合は

　私の場合、4月から国語の時間に名文暗唱を、社会の時間に都道府県の暗唱と都道府県カルタをしてきました。それを見てもらいました。

　個人の暗唱では「前を向いてしますか？　おうちの人の方を向いてしますか？」と聞くと、多くの子は保護者の方を向いて暗唱します。終わると拍手がわきます。なぞなぞでは、保護者にも考えてもらい、カルタはいっしょにしてもらいました。

☆ ポイント・工夫 個人の暗唱は希望者にする

　「参観でおうちの人に聞いてもらうよ」と何日か前に伝えると、暗唱の練習に熱が入ります。個人の暗唱は希望者にします（ほとんどの子が手を挙げます）。

● まとめや次への見通し

○参観日の直前になって、何をしようかと考えるのではなく、前回の参観が終わったら次の参観に向けて、少しずつ「仕込み」をしましょう。

授業の流れ　学力づくりの取り組みと単元学習

- **名文暗唱**「春暁」「偶成」　5分　全員

- **都道府県なぞなぞ**　10分
  ①何県ですかのプリントから2〜3題（前日までに何問かしておく）
  　画用紙に書いて提示する
  　県名を答えさせたあと、理由も聞く
  ②「山がつく県」　6県（山形、富山、山梨、和歌山、岡山、山口）
  　「川がつく県」　3県（神奈川、石川、香川）
  　「数字がつく県」　2県（千葉、三重）

- **都道府県の暗唱**　全員→列・班→希望者　5分

- **米づくりの学習**　15分
  教科書の音読
  一斉読みや一文読みをする（事前に音読練習が必要）

「東南アジアから伝わってきた稲が、日本では北海道や東北、新潟などで盛んになったのはなぜですか？」

「気温が下がると、稲を守るために田んぼの水を調節します。さて、水を増やすのでしょうか。それとも、水を減らすのでしょうか」

「水を抜くと稲が丈夫になるのはなぜですか？」

　稲だけでなくて、植物を育てるのに水はとても大切ですが、水ばかりをかけすぎると、根に「酸素（さんそ）」がたりなくなって、根が弱ってしまいます。根の元気がなくなると、根から吸うはずだった栄養分が、吸いにくいために、稲全体に行きわたりません。これでは、稲は大きくなれません。
　だから、ときどき田んぼの水をぬいて、根に空気の中の「酸素」が届くようにするのです。そのあとで、田んぼに新しい水を入れてやると、稲の「くき」はじょうぶになり、元気に育っていきます。

- **都道府県カルタ**　10分

都道府県カルタを楽しむ

5年生の社会科では「日本の国土」で、日本の産業を学びます。都道府県カルタは、楽しみながら、都道府県の位置や県庁所在地、特産物、名所などを覚えることができます。社会の時間の冒頭5分間でできる取り組みです。子どもたちに大人気で、学級の雰囲気も明るくなります。

すすめ方 社会の時間の5分間で

○位置と特産物がわかる

都道府県カルタは、取り札の片面が日本地図で、その県の位置を示していて、もう片面は都道府県の形と特産物、名所などが写真や絵で示されています。地図カードで県の位置、絵カードで県の特徴を覚えることができます。

七五調の文章になっている読み札を読み、該当する都道府県カルタを取ります。

「庄内平野で米づくり、流れる川は最上川」という言葉を聞いて、山形県のカードを取ります。

○東日本と西日本に分けてする

カルタは47枚あるので、1回は半分ずつで行います。読みは教師、班単位でカルタを取ります。最初は七五調の読み札を読み、絵カードを取ることからはじめます。慣れてきたら絵の文字部分を読み、地図カードを取ったり、県名をいい、絵カードや地図カードを取ったりとクラスの状況に応じていろいろな遊び方ができます。

わずか数分間ですが、子どもたちは驚くほど都道府県名とその特徴を覚えます。

ポイント・工夫 カルタは教師が保管

カルタは教師が保管して、授業の前に班の係や学級の学習係に準備をさせます。慣れると教師が声をかけなくても、自発的に準備をはじめます。

● まとめや次への見通し

○カルタと都道府県の暗唱とセットで都道府県に位置を覚え、漢字で書けるよう練習します。

都道府県カルタ取りの遊び方

① 読み札を読んで、地図カードを取る

② 読み札を読んで、絵カードを取る　　⇐　時間が少ないときはこれがおすすめ

③ 絵カードの文字を読んで、読み札を取る

（大達和彦氏のオリジナル教材）

都道府県カルタを楽しむ

| 4月 | 5月 | 6月 | **7月** | 8月 | 9月 | 10月 | 11月 | 12月 | 1月 | 2月 | 3月 |

漢字まとめテスト

1学期の終わりに、漢字のまとめテストをします。1学期に学習した漢字の50問テストです。市販テストを使います。プレテストなどしないで一発勝負でテストを実施し、90点以上をめざします。

:) すすめ方 漢字ドリルで復習をする

新出漢字小テストがすべて終わってから、50問テストに向けた練習をはじめます。テストの実施日を1週間後あたりに設定し、ちょっとした「イベント」にし準備します。

○覚えている字といない字をチェックする

教室で授業1時間を使います。

①1学期の新出漢字70～80字を、漢字ドリルの目次を見てノートに漢字を写させます。
②1学期の新出漢字70～80字を、1字ずつ教師が読み上げ、ノートに書かせます。わからない字は空けさせます。
③答え合わせをして、書けなかった字やまちがった字を漢字ドリルにチェックします。
④その漢字練習を家庭学習にします。

○最終ラウンドは1字2点の50問テスト

次に送り仮名のある漢字の練習をさせたり、「苦手10字」を書き出させたりします。これらも授業中に時間をとってします。1字ずつの漢字が書けるようになったら、漢字ドリルに書かれている新出漢字の熟語を見て練習させます。これは家庭学習にします。

「90点未満の人は再テストをします。1回で90点以上取れたら合格です」と基準を示すと意欲的になります。「一発勝負の90点以上」は値打ちがあります。

☆ ポイント・工夫 苦手漢字の効果

「自分の苦手な字、まちがえそうな字を10字選びましょう」といって、紙に書かせて回収します。教師はそれを集計して後日「苦手漢字10」を発表し、ノートに書かせます。苦手な字を意識することが、大切です。

● まとめや次への見通し

○2学期も同じ取り組みをします。
○3学期は5年の新出漢字まとめテストを実施します。

3ラウンド8つの取り組みで90点をめざす

第1ラウンド

① 漢字ドリルをノートに写す。

② 教師が読み上げ、書く。わからない字は空けておく。

③ わからない字を練習する。

第2ラウンド

④ 送り仮名のつく漢字だけ練習する。

⑤ 送り仮名のつく漢字を教師が読み上げ書く。わからない字は空けておき、後で練習する。

第3ラウンド

⑥ 難しい字トップ10を自分で選びその字を練習する。

⑦ 難しい字で問題をつくり隣どうしで採点。

⑧ 家庭で漢字ドリルの熟語の練習をする。

最終ラウンド
50問テスト（市販テスト）を使い、90点をめざす。

既習漢字の復習 1

計算と同じように、漢字にも系統性があります。2年生の「古」という漢字を知っていれば、3年生の「湖」4年生の「固」、5年生の「個」「故」を「コ」と読むことができます。このように、前学年までの復習は5年生の漢字の習得に役立ちます。

すすめ方
リズム漢字を使って既習漢字の復習

○**45分の授業で１年生80字を復習**

　1学期の学期末に、1年生から漢字の復習をはじめます。教材は『リズムでおぼえる漢字学習』（清風堂書店）です。

　1年生の漢字なら、45分の授業時間でできます。抵抗なく取り組めます。

　「リズム漢字」は1年生の漢字80字を、13の短文にしてあります。これを次のように進めます。

①ねらいを「漢字には系統性があり、低学年からの漢字が読み書きができると、5年生の漢字も覚えやすくなります」といったことを説明します。
②「読みシート」のプリントを印刷し、教室で一斉読みをします。（10分）
③「読みワーク」を配り、読みがなを書きます。（10分）
④「書きワーク」に漢字を書きます。（15分）

○**時間があれば２年生も**

　さらに時間があれば、2年生の漢字の復習も学期末までに行います。2年生の漢字は160字あるので、一斉読み、「読みワーク」「書きワーク」でそれぞれ1時間ずつ学習します。時間がなければ、1学期は読みだけをします。

ポイント・工夫
夏休みの宿題という方法も

　学年の合意ができれば、2年生の漢字の復習を夏休みの宿題に出します。宿題では「読みワーク」と「書きワーク」を裏表に印刷すると、覚えていない子も答えを写して書くことができます。

> **まとめや次への見通し**
> ○２学期では２年生から４年生までの漢字の総復習を行います。

45分で1年の漢字80字を復習

『リズムでおぼえる漢字学習』(清風堂書店)

読みシート

❶ 四月入学一年生(しがつにゅうがくいちねんせい)

2 手足目耳赤十字(てあしめみみせきじゅうじ)

3 草竹九本千六円(くさたけきゅうほんせんろくえん)

4 大小左右糸上下(だいしょうさゆういとじょうげ)

5 夕空花火天気雨(ゆうぞらはなびてんきあめ)

6 早口男女七五三(はやくちだんじょしちごさん)

7 石山先生名文見る(いしやませんせいめいぶんみる)

8 白玉団子土日出る(しらたまだんごどにちでる)

9 正月休み百人力(しょうがつやすみひゃくにんりき)

10 赤貝青虫犬二ひき(あかがいあおむしいぬにひき)

11 森林水車川の音(しんりんすいしゃかわのおと)

12 町立金田中学校(ちょうりつかねだちゅうがっこう)

13 大木八本村の王(たいぼくはっぽんむらのおう)

読みワーク

1 (よみ) 四月入学一年生

2 (よみ) 手足目耳赤十字

3 (よみ) 草竹九本千六円

4 (よみ) 大小左右糸上下

5 (よみ) 夕空花火天気雨

書きワーク

1 (かき) しがつにゅうがくいちねんせい

2 (かき) てあしめみみせきじゅうじ

3 (かき) くさたけきゅうほんせんろくえん

4 (かき) だいしょうさゆういとじょうげ

5 (かき) ゆうぞらはなびてんきあめ

体積の導入◎体験で深める

体積とは何ですかとたずねると、「縦×横×高さ」という答えが返ってくることがあります。それは、体積の求め方の公式にすぎません。体積とは、もののかさのことです。体験的にそれを学ばせます。

😊 すすめ方 体積の意味をつかませる

○体積の意味

教科書の体積の導入では、1辺が1cmの立方体が何個あるかで表しています。したがって、縦3cm、横4cm、高さ2cmの直方体の中には、1辺が1cmの立方体が24個あるので24cm³と表されます。1つずつ数えて24個としてもいいのですが、5年生なので、かけ算を使って3×4×2で計算するようになっています。

○積み木で体験させる

そこで、実際に1辺が1cmの積み木を使って体験させます（積み木は教材室にあります）。「縦3列、横4列、高さ2段の直方体をつくってみましょう。積み木はいくつ使いましたか」と聞きます。その個数こそが体積であり、便利な計算方法が、体積の公式であることを押さえます。

積み木を使って、立方体や直方体になっていない立体も体験させておくと、体積を求めるとき、分けてたすか、全体からひくかで考えさせるもとにもなります。

⭐ ポイント・工夫 体で実感させる

4年生の面積も、1辺が1cmの正方形がいくつあるかで表されることを思い出させます。このことは、図形の面積にもつながります。1m³を教具で実感させることも重要です。1m³=1000000cm³ が理解しやすいです。

● まとめや次への見通し

○教科書の「体積の求め方のくふう」といった直方体を組み合わせた立体の体積の求め方の課題では、分けてたす、全体からひくという考え方をさせます。

体積は体験してわかる

○ 1 cm³の立方体で直方体をつくる

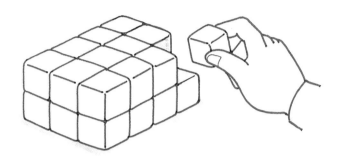

○ 体積の求め方いろいろ

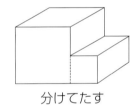
分けてたす

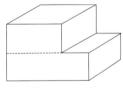
分けてたす

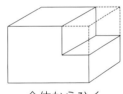
全体からひく

○ 1 cm³の体積を体感する

保護者が安心する個人懇談会

学校は、保護者にとって「敷居の高い」ところです。教師や友だちに迷惑をかけていない子はいないからです。学習や生活に課題が多い子の保護者なら、なおさらです。そこで「サンドイッチ方式」にして、気持ちよく帰ってもらいます。教師と保護者の信頼関係も育ちます。

すすめ方 サンドイッチ方式で話を進める

サンドイッチ方式とは、「ほめる」「課題を伝える」「ほめる」というように、課題をほめることでつつみこみます。その子のよさやがんばる姿の後に、課題を話します。

○**はじめにほめる**

「Aくんは、『先生、ぼくも配ります』といって、配り係さんの配りものが多いときは、手伝ってくれます。まわりのことをよく見ているのですね。本当に助かっています。おうちでも、よく気がつくお子さんですか？」

○**課題を伝える**

「ときどき、ノートの字が乱雑になるときがあります。ていねいに書くことを、2学期のがんばる目標にしましょう。よく気がつくAくんなら、自分の課題はよくわかっていると思いますよ」

○**最後にほめて終わる**

「おうちに帰ったら、よく働くAくんを先生が頼りにしていたと伝えてください」

ポイント・工夫 課題を伝える場合は手立てとともに

課題を伝えるなら、手立てとともに伝えます。宿題忘れが多い場合は、「宿題をする時間を決めましょう」などのアドバイスをします。

● まとめや次への見通し

○家庭でも気づかないその子のよさを伝えると、保護者からの信頼感が増します。「お話の最後は、ほめ言葉で」がポイントです。このとき、子どもノートがいきてきます（34ページ）。

行きはドキドキ、帰りはニッコリが教師と保護者をつなぐ

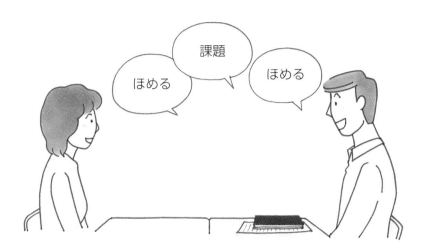

① ほめてほめてほめまくる

　サンドイッチ方式が基本ですが、思い切ってその子のよいところや積極面だけを話してみることもおすすめです。教師にとっては、よいことばかりを伝えるだけでは、その子の課題が克服できないと思うかもしれませんが、親にとっては、わが子がかわいいあまり、不十分なところに意識がいき、少しぐらいよいところを伝えるだけでは、わが子の教室でのがんばりを素直に聞き入れることがなかなかできません。

　「ほめて、ほめて、ほめまくる」ぐらいでちょうどいいのかもしれません。

　わが子の課題は、親なら十分知っておられますし、通知表の生活の記録を見ればわかります。

② 課題提示は手立てとともに

　課題を伝えるなら、手立てとともに伝えます。たとえば、宿題忘れが多い場合は、宿題をする時間を決めましょうなどのアドバイスをします。

　個人懇談会では、事実に基づいて意識的にほめるようにしましょう。その子のよさやほめるところを考えることは、その子を好きになることにつながります。

保護者が安心する個人懇談会　091

お楽しみ会

学期末に子どもたちから「先生、お楽しみ会したい」という声が出ます。子どもたちは楽しみにしていますが、実際にやってみると、楽しんでいるのは、やっている一部の子どもだけということがよくあります。

すすめ方
見ている人たちも楽しめるように

○楽しめる工夫をあらかじめ伝える

お楽しみ会で子どもたちが劇をするときは、以下の点に気をつけます。自分たちだけが楽しむ劇から見ている人たちも楽しめる劇の工夫です。

- なぐったり殺したりするシーンは楽しめない。
- お話は単純にして、見ている人がよくわかるようにする。
- 楽しく笑えるシーンをつくる。
- せりふはゆっくりはっきり大きな声で前を向いて少し大げさにいう。
- 長いものより短いものをつくってくり返し練習する。
- 小道具は背景に時間をかけない（あってもよいがなくてもすませられる）。

手品は種あかしよりも、手際のよさを楽しみます。「それ知ってる」といわないように指導します。

○演じるものを鑑賞するだけでなく

学級全員が参加できるようなゲームも間にはさむような構成をすると、変化があり、友だちの出し物も再び楽しく見られます。

ポイント・工夫
種あかしをしない教育的意義

手品を見ると、子どもたちはその手品の種が知りたくなります。サービスで種あかしをしてしまう子もいます。気持ちはわからなくはありませんが、大切なのはくり返し練習をして身につけた手際のよさなのです。このことは学習を習熟させる過程と同じです。

● まとめや次への見通し

○見ている人も楽しめるような会のもち方がわかってくると、授業参観や学習発表会にもつながります。

全員が楽しめる「お楽しみ会」を

お楽しみ会プログラム

- はじめのことば

- クイズ

- 手品

- フルーツバスケット

- 劇

- なぞなぞ

- ステレオゲーム

- おわりのことば

※子どもたちは自分の出番ばかりを気にし、クラスの子の出し物の鑑賞がおろそかになる場面があります。

宿泊行事の基本

宿泊行事はどこの学校も5年生で経験します。この行事の大変なのは、拘束時間が長いこともありますが、子どもの「楽しみたい」という思いと、教師の「ルールを守ってきちんとさせたい」という思いのギャップです。

すすめ方 学習という意識を共有する

○遊びか学習か

宿泊行事は「移動教室」ですから、学年や学級の学習ルールが適用されます。

しかし、子どもたちのなかには、宿泊行事は「遊び」の延長、家族旅行と同じようなものと思っている子がいます。好きな子といっしょにいられる、夜遅くまで起きていてもよいなどと勘ちがいしています。教師のなかにも、宿泊行事はちょっとくらい羽目をはずしても…という考えがあるのかもしれません。

そこで、ねらいやスケジュールを子どもたちと確認しながら宿泊行事をつくっていくことが大切です。

○くじ引きで決めることも

たとえば、「クラスの多くの人と仲良くなろう」というねらいを共有できれば、部屋割りや行動班はくじ引きで決めることもできます。

ポイント・工夫 成功体験・感動体験を

成功体験、感動体験が子どもたちを成長させます。宿泊行事のなかで、子どもたちががんばったところ（時間を守れた、レクリエーションが盛り上がったなど）を積極的に評価します。失敗させない配慮が必要です。その体験が次につながります。

● まとめや次への見通し

○成功体験や次の課題を修学旅行につなげます。「5年の宿泊行事よりレベルアップしよう」が合言葉です。

キャンプファイヤーの展開例

流　　れ	内　　　容	備　　考
はじめの歌 火の神を呼ぶ歌	みんなで「遠き山に日は落ちて」を歌います 「ホイツクズンバ」を踊りながら歌う	リーダーは隊の形の円が均等になるよう指示
火の神入場・分火	トーチをもった火の神が入場 リーダーに分火	仮装して入場（マジックファイヤーでもよい）
点火 火の歌	誓いの言葉をいいながら点火 「燃えろよ燃えろ」を全員で	
ゲーム	・ハレルヤ ・で、てぬきの歌（罰ゲーム：サンガリア） ・ウルトラマン勝負 ・出世ジャンケン（罰ゲーム：アブラムシ）	・リーダー中心のゲーム（第1段階）
出し物	2つぐらい	
ゲーム	・相性テスト　・かみなり　・タコと玉子 ・馬場チョップ ・足幅ジャンケン（罰ゲーム：クワガタムシ）	・二人組のゲーム（第2段階）
出し物	・2つぐらい	
ゲーム	・キツツキさん ・アッとサッとパッとヒュー ・鬼のパンツ	・動作の大きいゲーム ・プログラムの山場（火を大きく）
出し物	・2つぐらい ・先生の出し物（ヒュールルポン） ・円ばん	
ソング	・山賊の歌	・静かなムードへ（火をおとしていく）
星の話	・星座にまつわる伝説　・夏の大三角形	・カウンシルファイアーへ
火の4つの教え	火を見つめながら今日一日の反省と明日への希望をもつ「チェックサクコール」	
退場	「若者たち」	

資料提供　宮下牧三先生（和泉市立小学校）

読書習慣を広げる◎読み聞かせ

5年生でも読み聞かせは楽しみにします。2学期、運動会の練習などで疲れ気味の9月には、毎日短時間の読み聞かせをしてはどうでしょう。読書があまり好きではない子たちに、読書への誘いになります。

すすめ方　毎日少しずつ読んでいく

○朝の連続読み聞かせ

「朝の連続小説」といって、毎朝一話ずつ読み進めていく実践が全国的に有名です。

○おすすめは『窓ぎわのトットちゃん』

高学年でも、読み聞かせをすると、子どもたちは楽しみに聞いてくれます。教科の学習と少しちがった、ほっとするところがあるのでしょう。

短編の集まった小説が適しています。おすすめは『窓ぎわのトットちゃん』（黒柳徹子、講談社）です。1981年初版の小説ですが、一話が2〜3ページなので毎日短時間で読めるよさと、内容が作者の子ども時代であることが共感を呼び、高学年の読み聞かせにぴったりです。

電車の教室、自分でやりたいことからはじめられる勉強、子どもたちに寄り添う小林校長先生の言動など、高学年の子たちが今の学校を見つめなおす機会にもなります。

星新一のショート・ショート『きまぐれロボット』もおすすめです。

絵本なら『葉っぱのフレディ』『100万回生きたねこ』などがいいと思います。

ポイント・工夫　「もうちょっと読んで」でやめる

「もう1つ読んで」といわれるときが、やめどきです。「きのう読んでいないからきょうは2つ読みます」などいわないことです。たまると大変です。

まとめや次への見通し

○長編を読むときは、全部読めなくても、「学級文庫に入れておきますので、読みたい人は読んでください」といいます。多くの子どもたちが手に取って読んでくれます。

読み聞かせで読書習慣を広げる

　窓ぎわのトットちゃんは１回読んだことがあったけど、トモエ学園が今でもあったらなーって何回も思った。それからトモエ学園の勉強のやり方もいいと思った。
（歩）

　小林先生とトットちゃんは、トモエのなかではほんとうの親子みたいだった。それと、今、ほんとうにトモエという小学校があれば一度でいいから行ってみたい。
（源太）

　トットちゃんが、何をしても小林校長先生におこられなかったことが、いいなあと思った。それに、だれがどんな勉強をしてもいいから。もし、まだトモエ学園があったら、行きたかったです。
（明梨）

　小林先生は、リトミックや教室を電車の教室にしたり、プールの時間はだかになったりしておよぐ学校はちょっとへんと思ったけど、ずっと聞いていたら感心しました。ぼくも小林先生みたいな先生になりたい。
（朋史）

　きまぐれロボットという本を、金井先生に１学期の終わりごろから、だいたい毎日読んでもらった。とてもおもしろいやつもあったし、夢みたいな話もありました。１番最初に読んでもらった話は、新発明のまくらです。どんな内容かなと思っていたら、とてもおもしろかったので、次の日までまちどおしかったです。
（昌二）

　１学期の終わりごろから、私のクラスでは「きまぐれロボット」という題名で星新一さんが書いた本を、学校のある日はほぼ毎日金井先生に読んでもらっていました。「すっごいおもしろい」と思い、毎日楽しみでした。私も、星新一さんの本を買ってみたいなあと思ったけれど、よく考えたら、あまりおこづかいがなかったから、来月におこづかいが入ってからにしようと思いました。「きまぐれロボット」のなかでも、私のお気に入りは「海の海草」です。また続けて読んでほしいです。
（真希子）

既習漢字の復習２

1学期末に1年の漢字の総復習を終えたら、2学期には2年生から4年生までの漢字総復習を少しずつはじめます。1学期と同じように「リズム漢字」を使って復習をします。

😊 すすめ方　音読、読み、書きの順に

○２学期に４年生までの漢字を計画的に

2学期中に、『リズムでおぼえる漢字学習』（清風堂書店）を使い2年生から4年生までの漢字の総復習をします。2学期は約4か月ありますから、1か月1学年のペースで復習を行います。

1か月の授業日数は約20日あるので、学年ごとには次のように復習をします。

- 「リズム読み」は、1か月を通して行う。短文は画用紙に印刷しておくと長持ちする。1回5分程度。
- 「読みワーク」は、2回行う（継続してリズム読みをしているので、2回程度でいい）。はじめの5日目、次週の5日目と決めておくとよい。
- 「書きワーク」は、「読みワーク」をしたら行う。みんなが90点を取れるまで、くり返し行う（1か月を限度にする）。

⭐ ポイント・工夫　苦手な漢字を意識させる

自分がまちがった漢字を、「読みシート」にチェックさせます。赤鉛筆で、マス目を薄くぬります。これで苦手な漢字を意識することができます。

● まとめや次への見通し

○3学期は、5年生の総復習と6年生の漢字の「読み」の練習をします。「リズム文」をみんなで音読します。読み方だけでも、知っておくと6年生の学習がスムーズに入れます。（くわしくは136ページ。書きは6年生までしません）

「リズムでおぼえる漢字学習」

読みシート

『リズムでおぼえる漢字学習』(清風堂書店)

二年

1. 春夏秋冬　細道歩く(しゅんかしゅうとう　ほそみちあるく)
2. 兄弟姉妹　父母同じ(きょうだいしまい　ふぼおなじ)
3. 直線台形中心角(ちょくせんだいけいちゅうしんかく)
4. 算数地理外国語(さんすうちりがいこくご)
5. 工作音楽生活科(こうさくおんがくせいかつか)
6. 東西南北通行止め(とうざいなんぼくつうこうどめ)
7. 黒茶黄色画用紙(くろちゃきいろがようし)
8. 強弱遠近多少知る(きょうじゃくえんきんたしょうしる)
9. 米麦売買一万石(こめむぎばいばいいちまんごく)
10. 当番合図月曜日(とうばんあいずげつようび)
11. 丸顔教頭太い首(まるがおきょうとうふといくび)
12. 書店計画社長室(しょてんけいかくしゃちょうしつ)
13. お寺門前交差点(おてらもんぜんこう(さ)てん)

三年

1. 寒波流氷銀世界(かんぱりゅうひょうぎんせかい)
2. 期待軽重全階級(きたいけいちょうぜんかいきゅう)
3. 歯科医病院所有する(しかいびょういんしょゆうする)
4. 平安神宮庭相談(へいあんじんぐうにわそうだん)
5. 鉄柱整列等身大(てっちゅうせいれつとうしんだい)
6. 乗客荷物中央駅(じょうきゃくにもつちゅうおうえき)
7. 代表委員起立礼(だいひょういいんきりつれい)
8. 投球練習秒速倍(とうきゅうれんしゅうびょうそくばい)
9. 終始鼻血体育係(しゅうしはなぢたいいくがかり)
10. 対岸定住他(で)民族(たいがんていじゅうたみんぞく)
11. 自由研究昭和区(じゆうけんきゅうしょうわく)
12. 洋服羊毛皮問屋(ようふくようもうかわどんや)
13. 県知事昔都助役(けんちじむかしとじょやく)

四年

1. 自然観察北極隊(しぜんかんさつほっきょくたい)
2. 季節果物野菜好き(きせつくだものやさいすき)
3. 粉末飛散億単位(ふんまつひさんおくたんい)
4. 欠席無念初試験(けっせきむねんしょしけん)
5. 熱帯便利街灯照る(ねったいべんりがいとうてる)
6. 周辺景観印象的(しゅうへんけいかんいんしょうてき)
7. 包囲説得敗残兵(ほういせっとくはいざんへい)
8. 歴史伝達陸軍旗(れきしでんたつりくぐんき)
9. 氏名年令勇者書く(しめいねんれいゆうしゃかく)
10. 笑い連続最愛児(わらいれんぞくさいあいじ)
11. 右側右折巣付近(みぎがわうせつすふきん)
12. 停車案内録音機(ていしゃあんないろくおんき)
13. 木管楽器学芸会(もっかんがっきがくげいかい)

平均の導入

子どもたちは経験的に、テストの点数などで「平均」ということばを知っています。ならすという考え方を視覚で理解させます。

すすめ方
平均を視覚的に理解させる

○ペットボトルを使って

500mLのペットボトルを4本用意します。ペットボトルの下の方に穴を開けます。4本を接着剤でくっつけます（くわしくは右ページ）。準備完了です。

ペットボトルのキャップを1つだけ開け、子どもたちに見えやすいように色水を入れます。

キャップを閉めて、次のペットボトルのキャップを開け色水を入れます。4本のペットボトルに高さがちがうように色水を入れて、すべてのキャップを開けると、ペットボトルの色水の高さがそろいます。

ここでは、高さをならすことが、平均だと理解できます。

○ときには電卓を使って

「平均＝合計÷個数」はわかっていても、具体的な計算でつまずく子もいます。ときに応じて、電卓で計算させます。

ただし、平均がどのぐらいかを見積もらせてからさせないと、電卓の答えが正解と大きくちがうことがあります。

ポイント・工夫
平均では1.4人もOKです

平均で難しいのは、人の数などはふつう整数で表すものを、小数で表すことがあることです。また、1週間に勉強した時間の平均を出すような問題では、勉強しなかった日も0時間として入れて7日間で平均を出すところに、子どもたちは戸惑うようです。

> ### ● まとめや次への見通し
>
> ○自分のテストの平均を出させたり、あと何点取れば平均点が5点上がるのかを計算させたり、身近な例で考えさせると興味が増します。

●使用するもの
- 500mLのペットボトル
  （1Lでもいいが、水を入れたとき重くてあつかいにくい）
- バスボンド（風呂場などの補修用の接着剤）

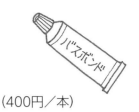
(400円／本)

作成

ペットボトルに穴を空ける

- ペットボトルのできるだけ下の方に穴を開ける。
  隣り合ったペットボトルがつながるように同じ種類のペットボトルで、模様がそろえるようにすると、つくりやすい。

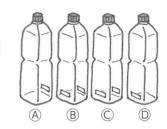

ペットボトルをくっつける

- 穴と穴をバスボンドでくっつける。
  バスボンドは多めにつけるが、くっつけたときに、穴がボンドでふさがらないように、量に気をつける。

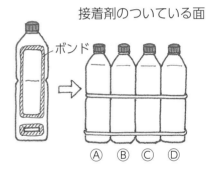

使い方

- ペットボトルのキャップを1つだけ開け、色水を入れる。穴の高さまでは、すべてのペットボトルに水がいきたわってしまう。キャップを閉めて、次のペットボトルのキャップを開ける。
- すべてのペットボトルの色水の高さを変える。最初の高さがわかるように、ビニルテープを貼っておく。
- すべてのキャップを開けると、ペットボトルの色水の高さがそろう。
  高さを「ならす」ことができる。平均→ならす。

①

②
ビニールテープを貼っておく

③
④
⑤

平均の導入　101

単位あたり量の導入

単位あたり量を求めることで、複数のものの大きさや、広さ、重さなどを比べることができます。ここでは教科書でよく扱われる「こみぐあい」を体験させることで、単位あたり量を印象づけます。

すすめ方 「こみぐあい」を比べる

「こみぐあい」で調べます。1㎡あたりの人数で比べる方法と1人あたりの面積で比べる方法があります。「こんでいる＝人が多い」というのが、子どもたちに一般的な考え方ですから、まず1㎡あたりの面積で比べます。

○広さが同じ、人数が同じ問題を提示する

黒板に「①12人シート3枚、②15人シート3枚、③12人シート4枚」と書き、「どれが一番こんでいますか」とたずねます。①と②はシートの広さが同じ、①と③は人数が同じなので、どちらがこんでいるかわかります。ところが②と③は人数も広さもちがうので、子どもたちにもこのままでは比べにくいことがわかります。

○子どもをシートに立たせる

実際に教室にシートをもちこんで子どもたちを立たせます。子どもたちには自然に1シートに同じ人数ずつ立つようになります。そのときに、1枚に何人ずつ立っていますかとたずねます。同じ人数ずつ立っていないときには、1シートに同じ人数になるように立ってごらんと指示します。これを実際に体験させると、こみぐあいがよくわかります。

ポイント・工夫 数字を簡単にして理解を助ける

1人あたりの面積で比べるときは、数字が小数にならないように、10㎡に2人と12㎡に3人では、どちらが1人あたりの広さがせまい（こんでいる）ですかとたずねます。答えが整数になるように数字を工夫します。

■ まとめや次への見通し

○この後、食料品のパッケージなどに、100gあたりの値段が表示されています。身の回りのもので、単位あたりの量を探させます。

1㎡あたりのこみぐあいを体験する

1㎡あたり4人　　　1㎡あたり5人　　　1㎡あたり3人

1シート（1㎡）あたりの
こみぐあいで調べる場合
①12人÷3㎡＝4人／㎡
②15人÷3㎡＝5人／㎡
③12人÷4㎡＝3人／㎡

1㎡のシートが用意できないときは、教室の床に、ビニルテープを貼り1㎡の広さをつくるといいでしょう

9月・計算

単位あたり量の導入

運動会時期の学習

9月に運動会がある学校は、2学期の始業式明けから1日2時間から4時間の練習があります。この時期に落ち着いて学習することが、11月危機を防ぐことにつながります。

すすめ方
算数と国語を毎日する

○**静かに学習する時間を増やす**

運動会時期は、子どもたちは暑いなか、運動場、体育館、専科の教室への移動など慌ただしく過ごし、さらに練習では高学年としてのふるまいを求められ、心も体も疲れています。こんなときこそ、落ち着いて学習できる算数、国語の時間を確保しましょう。

内容としては、計算練習、漢字を書く、板書を写すといった静かに学習できる時間を意識的に増やします。読書の時間も短時間でいいですから取るようにします。

○**子どもたちのようすを普段よりしっかり観察する**

子どもたちの休み時間のようすもふだんより注意深く観察します。友だち関係に変化はないか、ひとりぼっちになっている子はいないかなどに注意します。また、注意や叱責が増えていないか、教師も自分の指導もふり返ります。

ポイント・工夫
算数は進度が遅れないようにする

算数と国語で2時間取れないときも、たとえ10分でも15分でも算数や国語の時間を取るようにします。音読や漢字だけでもします。とくに、算数は進度が遅れないように気をつけます。

ふだんの授業より集中して取り組める内容を増やして、体を動かす体育とのバランスを取ります。

● **まとめや次への見通し**

○いわゆる11月危機は突然起こるものではありません。子どもの人間関係、クラスの雰囲気の変化があったら、先輩教師や同僚に相談しましょう。

運動会時期のある1日の学習例

1時間目　全体練習「開会式」「閉会式」の練習

2時間目　算数／国語
- 100マス計算、分数の復習プリント
- 新出漢字　2字　音読練習　漢字ドリル写し

※全体練習のあとの2時間目は、書くこと、一斉に声を出す活動を多めに取り入れる。ときには、1時間で算数と国語をすることもある。

3時間目　音楽

4時間目　理科「植物の実や種子のでき方」
- ツルレイシ（にがうり）のおばな、めばなの観察をする
- スケッチと色ぬりができた人は、読書をして待つ

※観察の単元は、時期を逃さないようにする
- 4時間目終了10分前に連絡帳を書く

給　　食
- 食べ終わった人は帰る用意をする

※6時間目終了後、速やかに帰れるように

掃　　除

5時間目　体育「組み体操」

6時間目　体育「組み体操」

※あらかじめ帰る用意をしていても、運動場で「さようなら」をせず、教室で帰す。どうしても、運動場で帰すときは、しばらくたってから、教室に行く、全員帰ったことを確かめる。

百人一首

秋から百人一首のカルタ取りに取り組みます。100枚の札を20枚ずつに分けて対戦します。学年の前半はことわざカルタ、後半は百人一首を教室でします。

:) すすめ方
20枚ずつ分けてする

○20枚でする

100枚の札を20枚ずつ5つのグループに分けて、1か月に1グループのペースで2月ごろまで行います。

百人一首のなかの歌を紹介したり、意味を教えたりするのには時間をかける必要はありません。「百人一首は、鎌倉時代の藤原定家という人が選んだ100首の和歌です。江戸時代に絵入りカルタとして広がりました」と簡単に説明し、さっそくカルタ取りをはじめます。

○続けるコツ

5か月にわたる長期の取り組みですから、続けることがまず大事です。

続けるコツは、①毎日する ②決まった時間にするという2つです。私は、1時間目の最初にしていました。忘れたときは、子どもから「百人一首はしないのですか?」といってくれます。

「ことわざカルタ」のときと同様のルールで行います(52ページ参照)。

☆ ポイント・工夫
クラスが仲良くなる

教科書での扱いでは、光村図書が3年生と4年生で数首紹介しています。学習として和歌の意味や暗記に取り組む必要はとくにないでしょう。むりやり覚えさせようとするとかえって興味を失いかねません。何回かカルタをして「得意札」ができたときに、一首だけ覚えさせるとより興味をもちます。

● まとめや次への見通し

○冬休み明けに、クラスや学年で百人一首大会をすると盛り上がります。授業参観などで、親子対決も楽しいです。(子どもが圧勝します。)

百人一首を20枚ずつに分けて対戦

| 4月 | 5月 | 6月 | 7月 | 8月 | 9月 | **10月** | 11月 | 12月 | 1月 | 2月 | 3月 |

作文の指導

作文を書かせようとすると、5年生でも「何枚書くのですか？」「1枚でもいいのですか？」と聞く子が少なからずいます。作文が苦手だと思っている子には、内容よりまずは多く書かせることで苦手意識を克服させます。

すすめ方
場面ごとに1枚書いて会話文を入れる

○ 1枚書けたら1年生

「今から遠足の作文を書きます。1枚書けたら1年生、2枚書けたら2年生です」といいます。「5枚書けたら…そう5年生です」というと「10枚書けたら何年生ですか？」と聞く子がいます。「高校1年生レベルです」と答えます。

○ 会話を入れる

次に、黒板に遠足の場面（たとえば、学校に着くまで・行きの電車・目的地・お弁当・帰りの電車など）を箇条書きします。「1場面に1枚書ければ、無理なく5枚書けます」「会話を入れると、たくさんの行を使えますよ」といって例文を板書します（右ページ）。

○ 漢字をなるべく使う

「漢字を100字使いましょう。わからない漢字は、先生が黒板に書きます」といって、たとえば遠足で訪れた地名など、難しくて子どもが困っていそうな漢字を書いてやると、漢字や作文の苦手な子も抵抗なく書けます。

ポイント・工夫
まずは内容より分量を重視する

今回は内容より分量を重視します。5枚書かせるなら、5つの場面を板書します。たくさん書けたという経験が次の意欲につながります。

● まとめや次への見通し

○慣れてくると、題名や書き出しのくふうや、一番書きたいところから書くなど内容を重視した作文を書かせます。

作文を五枚書く

〔板書例〕

一、五枚書く
- 学校に着くまで
- 行きの電車のなか
- 自然史博物館のなか
- お弁当とおやつの時間
- 帰りの電車のなか、帰り道

二、会話を入れる
ぼくは、
「おはよう」
と、いいました。 }三行になる

三、漢字を百字使う

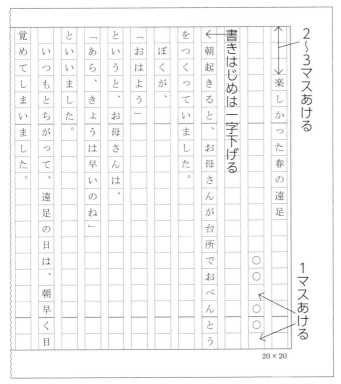

作文の指導　109

図形の角の導入◎三角形の内角の和

三角形の内角の和は180°であることを暗記事項としないで、体験を通して子どもたちに理解させることで、算数の興味を広げます。「図形の角」の導入にします。

😊 すすめ方
分度器を使わないで操作させる

○3つの角を1か所に集める

画用紙にかいた三角形を見せます。「3つの角の和が何度か調べる方法を考えましょう」とたずねます。「分度器を使う」という意見が出ます。そこで「分度器を使わないで確かめる方法はありませんか」と聞きます。子どもたちからはすぐに意見が出ないかもしれませんが、次の2つの方法を伝えます。

- 3つの角をちぎって合わせる。
- 紙を折って3つの角を一か所に集める。

○3つの角を一直線に並べる

実際に、三角形をかいたプリントを配って、2つの方法で3つの内角の和が180°、つまり直線上に並ぶということを確かめます。確認できたら、プリントを配って自分の描いた三角形の内角の和が180°になることを確かめます。そして、次のようにいいます。「どの国の、どの小学校の、どの5年生がかいた、どの三角形もみんな内角の和が180°になるのですよ」

⭐ ポイント・工夫
誤差を出させない

この授業では、分度器で角度を測らせません。必ず誤差が出るからです。「ぼくは、179°になった」「わたしは181°」ということになれば、180°（直線）になるという算数の「美しさ」が感じにくくなります。

● まとめや次への見通し

○教科書に書かれているような自明のことを「試して確かめる」ことは、科学的なものの見方を基本です。高学年ではそうした思考プロセスを刺激してやることが基礎学力の基盤を育てます。

計算

三角形の内角の和は180°とわかる

● 3つの角をちぎり取って、それぞれの頂点を1か所に集める

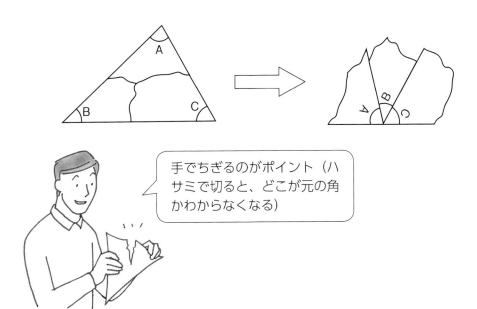

手でちぎるのがポイント(ハサミで切ると、どこが元の角かわからなくなる)

● 3つの角を折り曲げて一直線上に集める

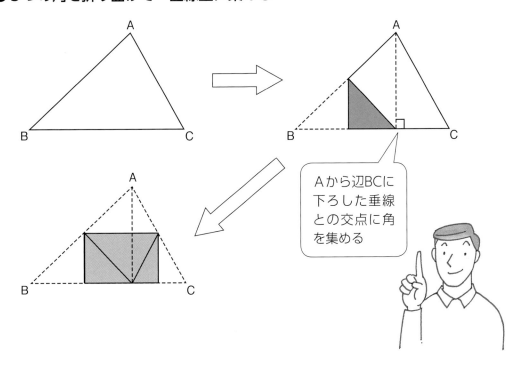

Aから辺BCに下ろした垂線との交点に角を集める

| 4月 | 5月 | 6月 | 7月 | 8月 | 9月 | **10月** | 11月 | 12月 | 1月 | 2月 | 3月 |

図形の面積の求め方◎公式丸覚えをさける

5年生の量と測定の領域では「四角形と三角形の面積を求める」単元があります。このとき公式を覚えるだけでなく、既習事項を使って考えさせます。

すすめ方
公式だけを覚えると

○**どんな図形を変形させたかを意識させる**

　方眼紙の上に平行四辺形をかいたものを用意します。「面積を求めたいのですが、今まで学習した図形に変形させて考えることができませんか？」とたずねます。

　「今までに学習した図形で面積を出せる図形は？」と聞いていき、子どもたちに「長方形」であることを気づかせます。

○**「÷2」の意味を理解させる**

　方眼紙上にかいた同じ三角形を2つたしたり、長方形や平行四辺形をつくったり、反対に長方形や平行四辺形から三角形をつくったりして、長方形や平行四辺形の面積を半分したものが三角形の面積であることを体験させます。

　ここで、子どもは「底辺×高さ÷2」の意味を実感できるのです。

○**台形もひし形も同様に**

　台形もひし形も同様に何に変形させて面積を求めるかを作業を通して理解させます。そのイメージが希薄になると、三角形の面積は「÷2」だったかな？　平行四辺形は「÷2」がいるのかなと混乱します。公式だけを覚えこむのではなく、どんな図形に変形させたのかをイメージしていると、「÷2」が必要はどうかを思い出すことができます。

ポイント・工夫
いろいろなパターンの問題をさせる

　底辺を指定した三角形や平行四辺形の高さを見つける問題を出すと底辺や高さがより認識できます。底辺は下にあるものだという発想を変えることも大切です。

● **まとめや次への見通し**

○面積を導くとき、もとになる図形を思い出させたり、公式の説明をさせたりすると、理解が進みます。

図形の面積を求める

変形すると

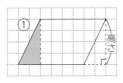
長方形に

平行四辺形に

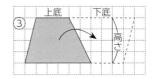
平行四辺形に

高さは、ア、イ、ウのどれ？

①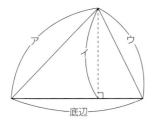

②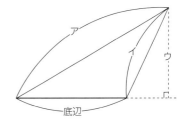

③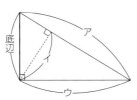

③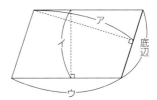

面積を求める

①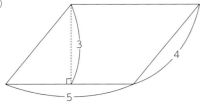

②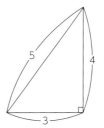

分数のかけ算・わり算

5年生の分数のかけ算・わり算は、分数に整数をかける、分数を整数でわる計算です。それほど、困難な計算ではありませんが、6年生の分数×分数、分数÷分数につながります。

すすめ方
色紙を折って考える

○ $\frac{1}{4} \times 3$ の計算を色紙を使って

色紙を2回折って、$\frac{1}{4}$ の広さに色鉛筆で色をぬります。「×3」ですから、その3倍が答えで、$\frac{3}{4}$ になります。色紙の $\frac{3}{4}$ に色をぬります。

○ $\frac{1}{4} \div 4$ の計算を色紙を使って

かけ算のときと同じように、色紙を2回折って、$\frac{1}{4}$ の広さに色鉛筆で色をぬります。このとき、うすく色をぬります。

次に、はじめに折った折り目と垂直方向に、色紙を2回折って、$\frac{1}{4}$ のところに色をぬります。$\frac{1}{4}$ のさらに $\frac{1}{4}$ ですから、色を重ねてぬったところは、$\frac{1}{16}$ になることがわかります。

このことから、分数のかけ算は分子のかけ算、分数のわり算は分母のかけ算であることが、わかります。

ポイント・工夫
4年の既習事項にもどって

機械的な暗記にならないように、色紙を使って考えたことを思い出させます。
分子が同じ分数では、分母が大きくなると分数の大きさは小さくなること(4年生の既習事項)も復習します。

● まとめや次への見通し

○3を $\frac{3}{1}$、4を $\frac{4}{1}$ と考えると、$\frac{1}{4} \times 3$ の計算は $\frac{1}{4} \times \frac{3}{1}$ となります。また、$\frac{1}{4} \div 4$ の計算は $\frac{1}{4} \times \frac{1}{4}$ になって、分数のわり算は、わる分数の分母と分子を逆にする計算方法につながります。

分数のかけ算・わり算は色紙を使って

$\frac{1}{4} \times 3$

色紙を2回折って、$\frac{1}{4}$の広さに色をぬる

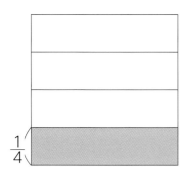

「×3」なので$\frac{1}{4}$の3倍の広さに色をぬる

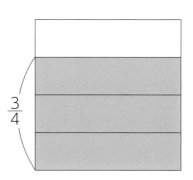

$\frac{1}{4} \div 4$

色紙を2回折って、$\frac{1}{4}$の広さにうすく色をぬる

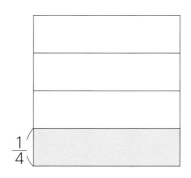

はじめの折り目と垂直方向に2回折る $\frac{1}{4}$の$\frac{1}{4}$のます目に色を重ねぬりする

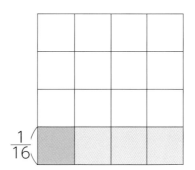

分数のかけ算・わり算

| 4月 | 5月 | 6月 | 7月 | 8月 | 9月 | **10月** | 11月 | 12月 | 1月 | 2月 | 3月 |

長縄（8の字跳び）で学級文化をつくる

長縄をクラスで取り組むとクラスが盛り上がります。まず、100回を目標に練習します。200回を超えると学級の文化になります。

すすめ方 縄の奥で跳ぶ

○ポイントは3つ

長縄跳びは各学年で学級づくりに貢献しています。5年生では8の字跳びを取り上げます。長縄を回数多く跳ぶポイントは、「並び方・跳び方・回し方」の3つです。

○並び方

まず、回し手の右横に並び、跳んだ後は向こうの回し手の、向かって左側を抜けて、すぐまわって向こうの回し手の左側に並びます。

○跳び方

次に、跳び方はまんなかより奥で跳びます。手前で跳ぶと、次の人が入れなくなります。中心あたりの地面に印をかいてそこより奥で跳ぶように指導します。

○回し方

跳ぶ子に合わせて回す速さを調節します。「跳んでください」という感覚で回します。跳ぶ位置がずれたときは、回し手が左右に移動し、跳ぶ人のましたに縄がくるようにします。

苦手な子の順番を得意な子のなかにはさむとうまく跳べます。

☆ ポイント・工夫 失敗した子を責めない

回し手の一方は教師がします。失敗した子を責めないことも話しておきます。
回数にこだわりすぎると、苦手な子がしんどくなります。

● まとめや次への見通し

○「○○回達成祝い」をしたり、回し手が2本の縄を内側に回して跳ぶダブルダッチに挑戦したりするのも楽しいです。

長縄の8の字跳びに挑戦

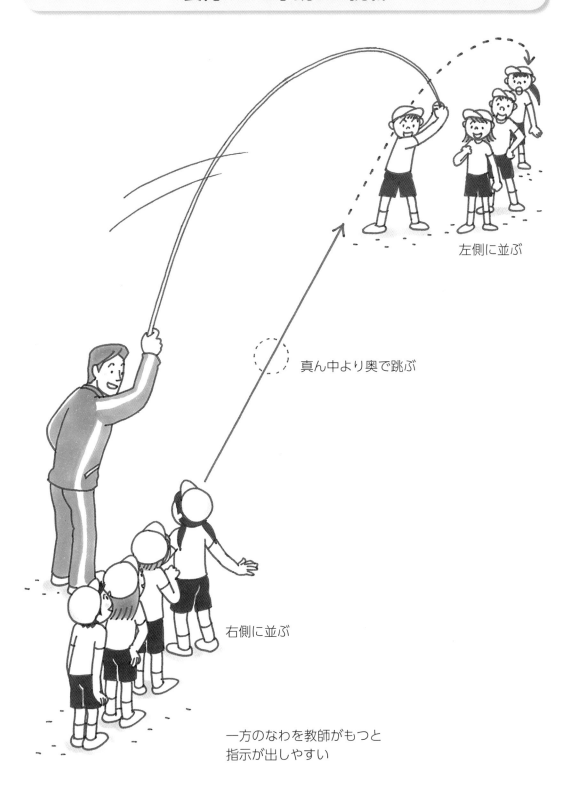

左側に並ぶ

真ん中より奥で跳ぶ

右側に並ぶ

一方のなわを教師がもつと
指示が出しやすい

10月・学級づくり

長縄（8の字跳び）で学級文化をつくる

分数の加減の前に◯約数をもれなく見つける

約数の考え方自体はそれほど難しくありませんが、約数をもれなく見つけることに苦労することがあります。そんなときには、「はさみうち方式」が有効です。

😊 すすめ方 はさみうち方式で約数を見つける

約数を見つけるには、その数字を1から順にわっていくのが基本ですが、落ちが出てくるときがあります。

そんなときは、わった商も書いていくと落ちを防ぐことができます。

たとえば、12の約数なら、

　　　　（1　　　　　　　12）
　　　　（1、2　　　　6、12）
　　　　（1、2、3、4、6、12）と書き出します。

48の約数なら、

　　　　（1　　　　　　　　　　　48）
　　　　（1、2　　　　　　　24、48）
　　　　（1、2、3　　　16、24、48）
　　　　（1、2、3、4、　12、24、48）
　　　　（1、2、3、4、6、8、12、24、48）です。

「はさみうち方式」と呼んでいます。

☆ ポイント・工夫 100マスの表を使って

1から100まで書いた表から、2でわれる数、3でわれる数、5でわれる数、7でわれる数にそれぞれ薄く色分けをします。（30などは、2、3、5でわり切れますから、色が重なります）

● まとめや次への見通し

○同じ段の九九は、その段の数でわれることから、公倍数の学習につなげます。
　分数の加減や乗除に必要な約分にかかわる大事な学習です。

100までの数の約数を見つけよう

2、3、5、7でわってみる

分数の通分をするときには、分母と分子の公約数を見つけることが必要です。
$\frac{4}{10}$ や $\frac{6}{9}$ を約分しないままにしている子が少なからずいます。

約分をするときには、まず、2でわれないか、次に3でわれないか、さらに5でわれないか、7ではどうかを考えると、約分のし忘れを防ぐことができます。

色鉛筆でぬる

① 2でわれる数は黄色

② 3でわれる数は桃色

③ 5でわれる数は空色

④ 7でわれる数は□でかこむ

1	2	3	4	5	6	7	8	9	10
11	12	13	14	15	16	17	18	19	20
21	22	23	24	25	26	27	28	29	30
31	32	33	34	35	36	37	38	39	40
41	42	43	44	45	46	47	48	49	50
51	52	53	54	55	56	57	58	59	60
61	62	63	64	65	66	67	68	69	70
71	72	73	74	75	76	77	78	79	80
81	82	83	84	85	86	87	88	89	90
91	92	93	94	95	96	97	98	99	100

100までの数に色をつけていくと、どの倍数も規則正しく並んでいることに気づきます。51が3の倍数であることもわかります。

分数の加減の前に◎約数をもれなく見つける

分数の加減の前に◎最小公倍数を求める

5年生で学習する異分母分数の加減の計算には通分が必要です。通分に必要な九九がスラスラいえても、通分がスムーズにできない子がいます。フラッシュカードを使って、最小公倍数を見つける練習をします。

😊 すすめ方 最小公倍数は3パターンがある

分数の加減の単元の授業導入の前に5分間程度取り組むとよいでしょう。

○色分けしたフラッシュカードをつくる

最小公倍数には3つのパターンがあります。

A：（2　3）のように2つの数が互いに素のときは、2つの数をかけた数が最小公倍数。
B：（2　8）のように一方が他方の倍数になっているもの。大きい数が最小公倍数。
C：（6　8）のよう2つの数字を何倍かして、最小公倍数を見つけるもの。

このA、B、Cを、右ページのように数字を色分けをしてフラッシュカードをつくります。裏には表と同じ数字を、3パターン同じ色で書いておきます。

○フラッシュカードを使う

子どもたちはまずカードの色で最小公倍数のパターンを認識します。カードの同じ色、つまりパターンごとにくり返し練習すると、最小公倍数を見つけるのが速くなります。パターンごとの最小公倍数がすぐに出るようなったら、パターンを混ぜてします。

ポイント・工夫 フラッシュカードで習熟を

「これはAパターンだね」と伝えて練習すると、イメージがより鮮明になります。一番小さい素数をかけて見つけるのも有効な方法ですが、2つの数を見てぱっと見つけられるようにしておくと、分数の加減計算で子どもが苦手意識をもちません。

● まとめや次への見通し

○Cパターンを重点的に練習します。（8　12）を見れば、24が浮かぶまで練習します。2つの数字を2倍か3倍すると、公倍数が見つかるのはふつうです。

最小公倍数はフラッシュカードで

フラッシュカード

Aパターン（文字色　黒、裏も黒）

5	7

6	7

4	9

Bパターン（文字色　青、裏は黒）

3	9

2	16

8	24

Cパターン（文字色　緑、裏は黒）

4	6

9	12

12	16

①はじめはA～Cにパターンごとに、くり返し練習

↓

②文字色と公倍数のパターンを認識したところで

↓

③ばらばらにして練習
　表を使って色とパターンを関連づける

↓

④カードを裏にして、すべて同じ色の数字で練習
　数字の色の手がかりがなくても瞬時にいえるようにする

分数の加減の前に◎最小公倍数を求める

異分母分数のたし算・ひき算

異分母分数のたし算、ひき算は5年生にとって難解な教材です。前項で取り上げた最小公倍数の求め方や通分の習熟が必要です。ここでは既習事項の分数の意味をおさらいしながら、異分母分数のたし算、ひき算を理解させます。

すすめ方 色紙を使って考える

○**分数の意味を押さえる**

分数では、分母は全体をいくつに分けたか、分子はそのいくつ分かを表しています。ですから、たし算、ひき算ができるのは、同じ分母でないとできません。これは3年生の分数で学習しています。この既習事項である分数の意味をここで改めて押さえます。

○**たし算** $\frac{1}{2}+\frac{1}{3}$

色紙を半分に折って、$\frac{1}{2}$ の部分に色をぬります。もう1枚の色紙を3つに折って、$\frac{1}{3}$ の部分に色をぬり、その部分を切り取り、たし算のときは、$\frac{1}{2}$ につぎたします。その和が、色紙全体のどれくらいになるかを考えます。残りの部分が色紙全体の何分の1になるかを紙を折って調べます。

○**ひき算** $\frac{1}{2}-\frac{1}{3}$

ひき算のときは、$\frac{1}{2}$ の部分に $\frac{1}{3}$ の部分を重ねて、ひいた部分が、全体の何分の1になるかを調べます。

たし算のときは、全体の $\frac{5}{6}$、ひき算の場合は、全体の $\frac{1}{6}$ になります。

ポイント・工夫 1辺が6cmの方眼の色紙を使う

色紙の1辺の長さを6cmにすると、$\frac{1}{2}$ は3cm、$\frac{1}{3}$ は2cm、たし算の答え $\frac{5}{6}$ は5cm、ひき算の答え $\frac{1}{6}$ は1cmになります。6は2と3の最小公倍数であることが子どもに理解されやすいのです。

● まとめや次への見通し

○異分母分数のたし算、ひき算のポイントは、最小公倍数を見つけることが、すばやくできることです。たし算、ひき算の学習の前に、最小公倍数や通分の練習に時間を取ることが大切です。

異分母分数のたし算・ひき算は折り紙で

折り紙を使って考える

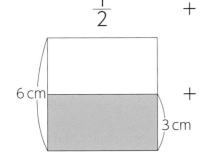 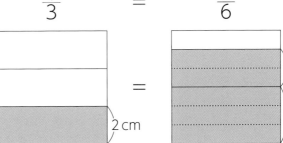

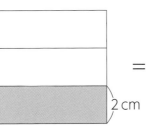 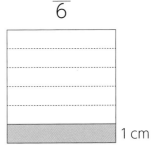

同分母分数のたし算・ひき算は3年で学習した

(例) $\dfrac{3}{5}+\dfrac{1}{5}=\dfrac{4}{5}$　　　$\dfrac{5}{7}-\dfrac{2}{7}=\dfrac{3}{7}$

$\dfrac{3}{6}+\dfrac{2}{6}=\dfrac{5}{6}$　　　$\dfrac{3}{6}-\dfrac{2}{6}=\dfrac{1}{6}$

| 4月 | 5月 | 6月 | 7月 | 8月 | 9月 | 10月 | **11月** | 12月 | 1月 | 2月 | 3月 |

11月危機を防ぐ

学級には2回の危機があるといわれています。6月危機と11月危機です。11月危機を防ぐには、体育大会後に目標が明確な学級のイベントを仕かけることです。

😊 すすめ方 運動会後にイベントを仕かける

○体育大会の練習期間にも子どものようすを注視する

11月危機の原因の1つは、たとえば9月に体育大会がある場合、体育大会の練習に重きをおくばかりに、教師が子どもたちの変化や人間関係の変化に気づかないことにあります。

また、体育大会後は学級の雰囲気が停滞しがちです。集団は、目標が緩やかな群れ（グループ）になったり、目標が明確な団（チーム）になったりをくり返すので、停滞しているように見えることがよくあります。しかし、クラスの停滞度が顕著に見えるときは、手立てを講じることが必要です。

○イベントは学力づくりの取り組みで

体育大会後、目標が明確なイベントに取り組みます。

イベントといっても、何か特別な行事をしなければいけないというわけではありません。クラス全体で計算や漢字の取り組みをします。

⭐ ポイント・工夫 計算・漢字テストで100点を

100マス計算を全員3分以内にしよう。漢字小テストを全員100点にしようなど学級の実態に合った取り組みをします。いつもより、多く時間を取って漢字練習をさせたり、班で教え合いをさせたりします。

● まとめや次への見通し

○「自分ができるだけでは100点、友だちにわかりやすく教えることができたら120点です。人に教えると、いっそうよくわかるようになります」と伝え、みんなでかしこくなるクラス文化を育てていきます。

学級づくり

◎計算テストの満点大作戦

- 100マス計算（かけ算、たし算、ひき算）をします。
- 基本わり算A、B、Cをします。
- 隣の子と答え合わせをします。
- まちがった問題を直します。

◎漢字テストの満点大作戦

- 漢字ドリルの読みのページを見て、ノートに漢字を書きます。
- 隣の子と答え合わせをします。
- まちがった漢字の練習をします。
- 問題の出し合いをします。

数感覚を高める

> 数感覚を意識することで、計算問題でのミスが減ったり、計算が速くなったりします。

「筆算一辺倒」ではなく

1年生で学習する「9＋8」「14－7」などの基礎計算と、2年生のかけ算九九、3年生で習う「23÷5」などのわり算は暗算（横式）でしますが、それ以外は（たとえば2桁どうしのたし算、3桁÷1桁）、みんな筆算でするというのが、今の子どもたちの実態です。

筆算は便利な方法ですが、数の大きさが意識できず、位取りや小数点のつけ忘れなどのまちがいが発生することがあります。

また、かけ算九九はスラスラいえるのに、通分や約分が素早くできず、分数の計算が苦手な子もいます。

これらは「数感覚」が高まっていないからだと考えています。数をいろいろな視点で考えさせることで、数感覚が高まるのではないかと思っています。

見えない数を使って

「24×25を計算しましょう」というとクラスの子どもたちのほぼ全員が筆算で計算しようとします。24を6×4と考え、6×4×25＝6×100＝600と考えることは、まずありません。

この計算方法は、4年生の「計算のくふう」というところで学習しています。しかし、短時間の学習なのでそのよさに気がついていません。そこで私は、改めて5年生でも学習させることが大切だと考えています。

「15×16を計算しましょう」という問題では、15×2×8として30×8＝240と計算させます。

ここでは16を2×8、先の問題では24を6×4というように「見えない数を見つける」ことができれば、いつも筆算に頼る必要はなくなります。

小数のわり算では

5年生で学習する小数のわり算 7.5÷1.5 を子どもたちは、わられる数とわる数をそれぞれ10倍して 75÷15 と考え、筆算で答えを出します。

しかし、ここで4年生で学習した

「わられる数とわる数に同じ数をかけても、同じ数でわっても商はかわらない」というわり算のきまりを使ってみましょう。

7.5に2をかけて15、1.5に2をかけて3にすると、15÷3になり、商が5であることが、暗算でできてしまうのです。

こうしたことを考えられることが「数感覚」が高まっていると思うのです。「数感覚」が育ってくると計算問題で、桁数のまちがいや小数点の打ちまちがいに気がつくようになります。

簡単な数に分解する

48は何かける何ですか？とたずねると、子どもたちは、6×8、8×6と答えますが、12×4や24×2と答えるでしょうか。16×3を思いつく子は何人いるでしょう。ですから、そうした2桁の数に分解するのではなく、「25×4＝100」「15×2＝30」「12×2＝24」など、かけ算九九の範囲を少し広げたかけ算を使って、暗算ができるように指導することが大切です。

こうした練習はフラッシュカードで、「16×2」「32×2」のような、カードで練習します。とくに15、25、35など2倍したり、4倍した数が瞬時に答えられるようにしておくと便利です。

14×4など、2位数×1位数の計算も、横式でできるようになると、わる2桁の商を素早く出すことができます。

通分や約分の壁も らくらくと

このような練習をすると、数感覚が育ち、分数の通分や約分も素早くできるようになります。

6と8の最小公倍数がなかなか見つけられない子や、$\frac{6}{8}$を約分しないで、「できました」という子がクラスに何人もいるのが今の学級の現状です。

そのような子をなくすために、筆算一辺倒の計算練習から、暗算の部分をちょっと広げる取り組みが必要です。

数感覚を高める

| 4月 | 5月 | 6月 | 7月 | 8月 | 9月 | 10月 | 11月 | **12月** | 1月 | 2月 | 3月 |

漢字学習に新しい視点を提示する2◎筆順の授業

1学期には「手」を使った字源の授業で、漢字への興味を喚起しました。ここでは筆順の授業で、子どもたちは漢字の興味を喚起します。

すすめ方 筆順の決まりを学ぶ

○凸の原則を教える

まるで模様のような漢字をあえてあげ、子どもの興味・関心をひきます。

- 教師が凸という字を示し、読み方を確認する。
- 子どもに筆順を考えさせ、ノートに筆順がわかるように書く（1画ずつ増やしていく書き方をする）。
- 数名を指名し黒板に書かせる。
- 筆順のきまりを伝える（上から下、左から右、2つに分かれる、¬は1画、凵は2画）。凸の画数と筆順を伝える。

○凹の筆順を子どもに考えさせる

原則がわかったら応用です。子どもに考えさせます。

- 凹を示し、読み方を確認する。
- 凸でわかったことを使い、凹の筆順を考える（「今度は、全員正しい筆順がわかるはずですね」とちょっとプレッシャーをかける）。
- 数名を指名し黒板に書かせる。
- 正解を伝える。

ポイント・工夫 単なるゲームにならないように

「凸」の筆順は、最初はわからなくてもかまいません。でも、筆順のきまりを教えたあと、「凹」の筆順は「全員」ができなければなりません。単なるゲームで終わらないようにします。理論的に物事を考えはじめた高学年に一度はしたい授業です。

まとめや次への見通し

○これを機会にすきま時間を利用して、当該学年のまちがいやすい筆順の漢字をクイズ形式で出してみるのもいいと思います。

「凸、凹」の筆順は

凸

1 ー
2 ｣
3 ｣Ｌ
4 凸
5 凸

凹

1 乚
2 乚乁
3 乚乁ｰ
4 凹
5 凹

凸、凹の筆順のきまり
・上から下へ
・左から右へ
・⁀は一画
・（九の⁀と同じ）
・∟ ⌐で終わる
・（画凶に同じ）

12月・書き

筆順まちがいの例

ー
冂
冂
凸
凸
凸

ー
冂
冂
凸
凸
凸

5年のまちがいやすい筆順

可	布	状	性	犯
○	○	○	○	○
一	ノ	丨	丶	ノ
口	ナ	丬	忄	犭
可	布	状	性	犯
×	×	×	×	×
一	一	丶	丨	)
丁	ナ	冫	忄	犯
可	布	状	性	犯

漢字学習に新しい視点を提示する2◎筆順の授業

割合の導入

子どもたちは2つのものを比べるとき、今までは両者の差で比べてきました。割合では、一方がもとにする量の何倍になっているかで比べることを学びます。子どもたちには、新しい概念なので難しい課題です。

すすめ方
何倍になっているかで比べる

○バスケットボールで考える

黒板に次のように板書します。

　　A　10回シュート　5回ゴール
　　B　10回シュート　6回ゴール
　　C　8回シュート　4回ゴール

「A，B，Cのなかで1番うまくシュートできたのはだれですか？」と聞きます。

子どもたちは、「AとBは同じ10回シュートしたのだから、Bの方がうまくシュートできている」と答えます。ところがAとC、BとCを比べはじめると、ある子は「シュート数とゴール数の差は、どちらも4回だから、同じうまさだ」といいます。別の子は、「AもCもシュートした半分がゴールしているので、同じうまさだ」と主張します。そしてA、B、Cの3つを比べるとなると、混乱してくる子どももいます。

○「割合」の考え方を知らせる

そこで、複数の数量を比べるときに、1つの数量がもとになる数量の何倍になっているかを出して、考えるという方法を伝えます。

ポイント・工夫
差が同じだという子には

シュートした数とゴールした差が同じなら、うまさは同じだと思う子には、3回シュートして1回入った場合と、10回シュートして8回入った場合は同じうまさですか？とたずねます。

● まとめや次への見通し

○野球に興味がある子には打率やチームの勝率で説明します。子どもたちがしているテストの点数も、実は割合です。

割合の導入、もとにする量

A　10回シュート　5回ゴール
B　10回シュート　6回ゴール
C　 8回シュート　4回ゴール

A　40回シュートなら　20回ゴール
B　40回シュートなら　24回ゴール
C　40回シュートなら　20回ゴール

もとにする量を１と考える
割合＝比べる量÷もとにする量

5年生の漢字総復習

3学期に5年生の漢字の総復習をします。5年生の配当漢字185を総復習するのは、子どもたちにとって困難な課題ですが、教師が思った以上に、子どもたちは取り組みに集中し、力をつけていきます。

すすめ方 なぞり書きからはじめる

○プリント裏表1枚に5年新出漢字を収める

『学力ドリル漢字 小学5年生』(清風堂書店)のなぞり書きプリントを使用します。もし、手元になかったら、5年生の全漢字が2枚になっているプリントを、薄く印刷して、なぞり書きができるようにします。2ページだと両面印刷で1枚、この量感がとても大切です。子どもたちは、5年生で学習した全漢字がプリント1枚におさまっていることで練習の見通しがもて、「全部で185字」というより、抵抗が少なくなります。

○本テストまでのスケジュール

①授業のなかで、なぞり書きプリントを2度させる。
②自分の力を知るための最初のテストをする。
③まちがった字をノートに練習する。
④本番のテストをする。

ポイント・工夫 合格ラインを徐々に上げ、最終9割以上が合格

185字を書かせるのは困難と考えるのは、教師の「思い込み」です。1回目の合格基準を100字にし、徐々に120字、140字…と上げていくと、苦手な子もがんばり続けられます。合格ラインをはっきりさせておくと、そこをめざして練習できるので、効果的です。

● まとめや次への見通し

○185字中167字(9割)を書くのは一見ハードルが高いように見えますが、18字まちがっても合格ですので、多くの子がクリアできます。

5年生の漢字総復習

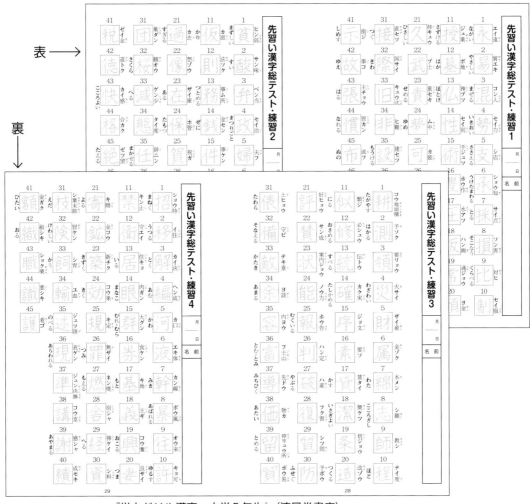

『学力ドリル漢字 小学5年生』(清風堂書店)

計算のまとめ

5年生の1年間が終わろうとしています。この1年間で子どもたちの計算力がどのくらいついたのか、つまずいているところはどこなのかを知り、この時期にその回復をはかります。

すすめ方
診断プリントとおさらいプリント

2月に入り、計算の領域が終わったら、『計算つまずき克服プリント』（フォーラム・A）の診断プリントを使って、1年生から5年生までの計算が習得できているかを調べます。

4月の実態調査と同じように、1年から順に診断プリントを実施します。

「苦手をなくして、6年生になろう」「計算ばっちり5年1組」「計算健康診断」など、クラスに合ったネーミングをつけて、取り組むと意欲が高まります。

子どもたちの実態がわかったら、朝の学習や、算数の時間などに、1回5分程度でもいいですから、まちがいの多かった問題を重点的にさせます。

わる2桁の計算、小数のわり算（四捨五入、あまりの小数点）などを苦手にしている子が多くいます。

ポイント・工夫
子どもに「分析文」を書かせてみる

採点した診断プリントを子どもたちに返した後、「自分の苦手なところがわかりましたね。自分が苦手なところはどこだったのか『分析』しましょう」といって、原稿用紙を配ります。自分の苦手箇所が意識づけられます。

自分の苦手な箇所と得意な箇所がわかり、苦手な箇所を克服するのが学習の基本です。5年生の学習内容は多く計算のまとめをする余裕がないかもしれませんが、6年生に向けて計算力を把握する大切な取り組みです。

● まとめや次への見通し

○計算は自信をもって6年生に上がれる、そうしたクラスの雰囲気をつくることができます。

計算問題の自己分析文を書く

計算問題の自己分析文

○わたしは4年生と5年生の問題が苦手です。分数では、約分を忘れることが多いです。これからは、しっかり見直しをするようにがんばります。　　　　（勇人）

○3年生から5年生のプリントをみると、小数のたし算や小数のわり算が苦手だなと思いました。もっと小数の勉強をして3年生から5年生までの問題を完ぺきにしたいです。　　　　（樹瑛梨）

○4年生でつまずいたところは整数と小数のたし算です。整数と小数をたすときに、位をまちがえてしまいました。5年生では、商を整数まで求め、あまりを出す問題で、あまりに小数点をつけるのを忘れてしまいました。これからは、そういう失敗をなくしてオール100にしたいです。　　　　（翼）

○4,5年生は、小数の問題をまちがえていました。それは、どれもが小数点のつけ忘れか動かし忘れでした。つまり私には、「見直し」ができていないことがわかりました。　　　　（侑華）

　自己分析の作文を書かせることによって、自分の苦手なところやこれからすることが明確になります。

「苦手をなくして、6年生になろう」計画

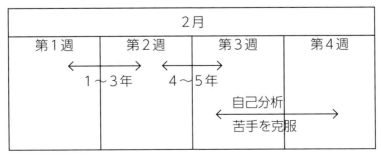

計算のまとめ　135

4月 5月 6月 7月 8月 9月 10月 11月 12月 1月 2月 **3月**

リズム漢字を使って６年生の漢字予習

３月に入り学年のまとめと並行しながら、新年度に向けて６年生の学習をします。最適な取り組みは、漢字の読みの先行学習です。この時期はややもすると、復習ばかりになりがちですが、６年の先行学習は、未来への夢への学習です。

リズム漢字で読みの予習を

○**６年生への橋渡しとして**

『リズムでおぼえる漢字学習』（清風堂書店）を使い、読みの練習をします。画用紙（上質紙より長持ち）に「読みシート」のふりがなつきのページを表に、ふりがななしのページを裏に印刷し、配ります。

教師「今日から、６年生の漢字を勉強します」。子ども「えー」。

教師「漢字の勉強といっても、読む勉強だけです。６年生の漢字が、今から読めるようになると、６年生になって、その漢字を習うときに、簡単に覚えることができます。６年生の漢字を見てごらん。もうすでに知っている漢字があるでしょう。毎日少しずつ練習して、６年生までに読めるようになりましょう」

テストも評価もない先行学習は、遅れがちの子も心理的な負担が少ないです。

○**朝にすれば元気がわく**

６年生の学習漢字は181字あります。これが１行７文字のリズム文が45行あります。はじめの２、３日は半分でもよいでしょう。毎日唱えているうちにスピードも上がり、１回で45行を読めるようになります。朝にすれば元気もわいてきます。

「ふりがなあり」から「なし」へ

１日に１回でかまいません。読みの練習を続けます。数日後、「ふりがながなくても、読める人は、裏のふりがななしの方で、読んでみましょう」といいます。

● まとめや次への見通し

○６年生の漢字を見たことがある、読めることができるということは、６年生になって、新出漢字を学習するときに、安心感を与えることができます。

『リズムでおぼえる漢字学習』(清風堂書店)

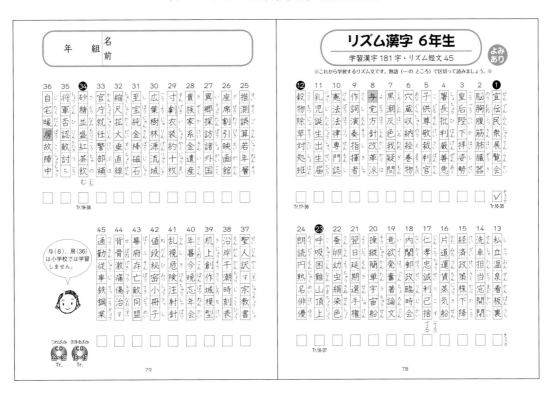

(漢字の実態調査)

年　　組　名前（　　　　　　　）

かんじ 4

★———のところを　漢字に　直しましょう。

1. げきのいしょう
2. けっせき
3. しんじる
4. つたえる
5. つまとおっと
6. はたをあげる
7. こくごじてん
8. しゅくじつ
9. まどがわのせき
10. そくたつ

11. うみのそこ
12. せんきょ
13. つみき
14. ほうたい
15. はくぶつかん
16. まんいんでんしゃ
17. さんりんしゃ
18. ほっきょく
19. かもつれっしゃ
20. だいせいこう

(計算力実態調査)

4 月　日　名前（　　　　　）

★筆算に直して計算しましょう。（1つ10点・計20点）

① 4.56 + 6

② 4 − 2.14

★次の計算をしましょう。（1つ10点・計80点）

③ 4 + 3 × 2 =

④ $\dfrac{3}{7} + 4\dfrac{2}{7} =$

⑤ $1\dfrac{6}{7} - \dfrac{2}{7} =$

⑥ 4) 823　（あまりももとめましょう）

　　□ あまり □

⑦ 42) 252

⑧ 18) 428　（あまりももとめましょう）

　　□ あまり □

⑨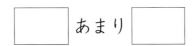

⑧ 18) 10.8　わりきれるまで計算しましょう。

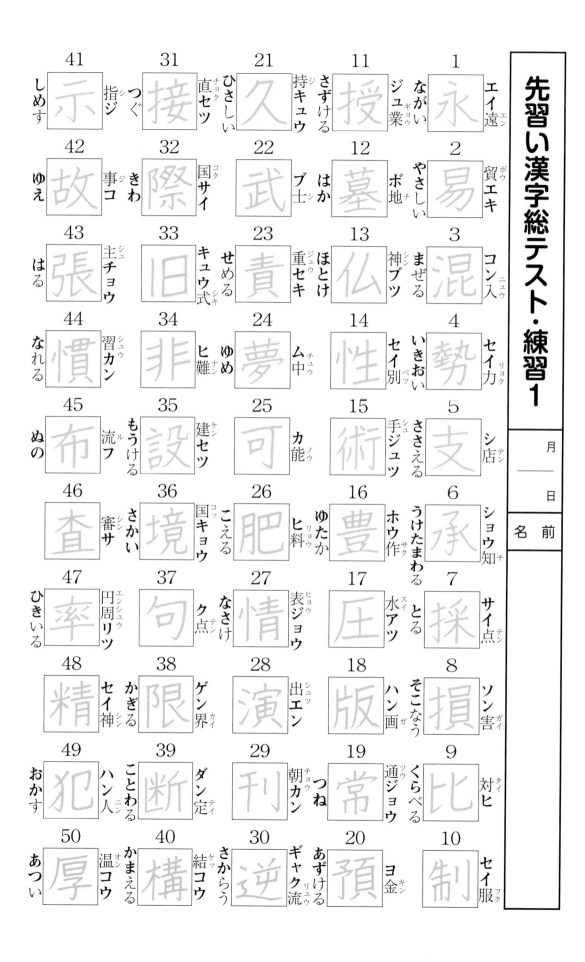

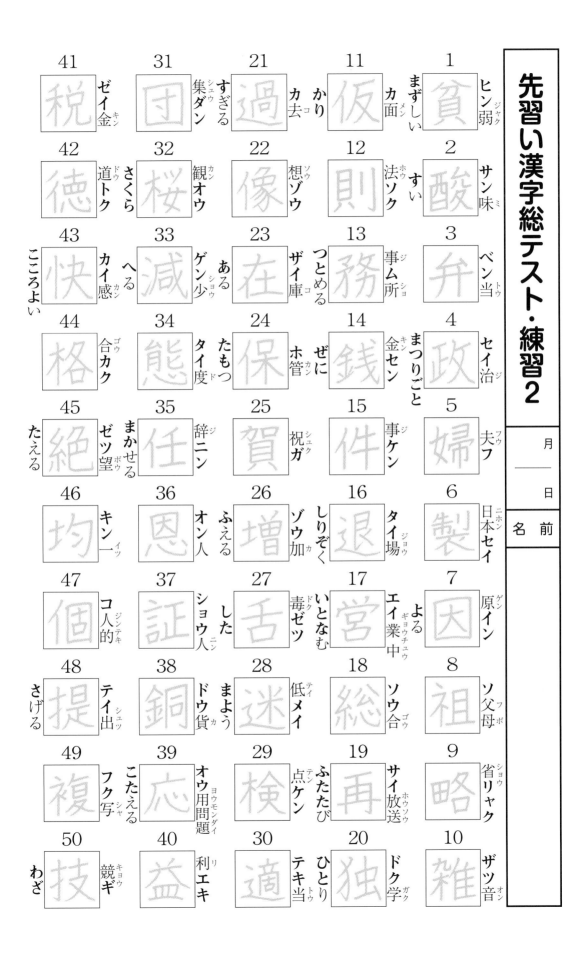

先習い漢字総テスト・練習3

月　日
名前

1. コウ（チメンセキ）地面積 耕
2. 予ソク 測
3. 要リョウ 領
4. 火サイ（わざわい）災
5. ザイ産 財
6. 金ゾク 属
7. 木メン（わた）綿
8. シ願（こころざし）志
9. 教シ 師
10. テイ（ほど）度 程
11. 類ジ（にる）似
12. 必シュウ（おさめる）修
13. 伝トウ（すべる）統
14. カク実（たしかめる）確
15. ジョ文 序
16. 要ソ 素
17. 賃タイ（かす）貸
18. 簡ケツ（いさぎよい）潔
19. 信ジョウ 条
20. 改ゾウ（つくる）造
21. 好ヒョウ 評
22. サン成（はかる）賛
23. 案内ジョウ 状
24. ノウリョク 能
25. ホウ告（むくいる）報
26. ハン定 判
27. ハ産（やぶる）破
28. フク習 復
29. シツ問 質
30. 予ボウ（ふせぐ）防
31. 土ヒョウ（たわら）俵
32. 守ビ（そなえる）備
33. テキ意（かたき）敵
34. ヨ談（あまる）余
35. 内ヨウ（むくいる）容
36. フジサン（とむ・とみ）富
37. 先ドウ（みちびく）導
38. 物カ（あたい）価
39. 停リュウ所（とめる）留
40. ボウ易 貿

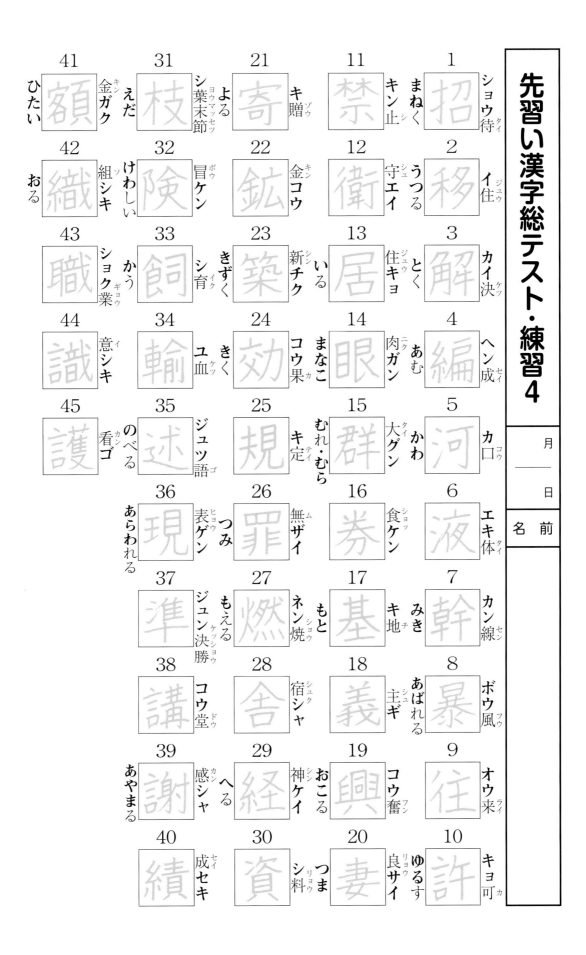

著者紹介

金井　敬之（かない　のりゆき）
大阪府公立小学校教諭

『学年はじめの学級づくり奇跡をおこす３日間』（共著、フォーラム・A）
『新任教師からできる奇跡の学級づくり』（共著、フォーラム・A）
『算数習熟プリント１年　中・上級』（清風堂書店）他
学力の基礎をきたえどの子も伸ばす研究会常任委員

学力の基礎をきたえどの子も伸ばす研究会（＝学力研）

　1985年岸本裕史代表委員を中心に「学力の基礎をきたえ落ちこぼれをなくす研究会（＝落ち研）」として発足、2001年に現名称に改称。

　発足以来、すべての子どもに「読み書き計算」を中軸とした確かな学力をつける実践の研究と普及に取り組んできた。近年、子どもと保護者の信頼をつかむ授業づくりや学級づくりの研究も進めてきている。

　常任委員長　図書啓展
　事務局　〒675－0032　兵庫県加古川市加古川町備後178-1-2-102　岸本ひとみ方
　　　　　FAX　0794－26－5133

| 全国に広がる学力研 | 検索 |

図解　授業・学級経営に成功する
５年生の基礎学力－無理なくできる12か月プラン

2016年４月20日　初版　第１刷発行

　　　　　　監修者　学力の基礎をきたえどの子も伸ばす研究会
　　　　　　著　者　金井　敬之　ⓒ
　　　　　　発行者　面屋　龍延
　　　　　　発行所　フォーラム・A

　　　　　　〒530-0056　大阪市北区兎我野町15-13
　　　　　　　　　電話　（06）6365-5606
　　　　　　　　　FAX　（06）6365-5607
　　　　　　　　　http://foruma.co.jp/
　　　　　　　　　振替　00970-3-127184

　　　　　　　　　　　　　　制作編集担当・蒔田司郎

カバーデザイン―クリエイティブ・コンセプト／イラスト―町田里美
印刷―(株)関西共同印刷所／製本―立花製本
ISBN978-4-89428-839-3　C0037